Jean-Luc Mélenchon
SUR LE DIVAN

Gianpaolo Furgiuele

Jean-Luc Mélenchon SUR LE DIVAN

La provocation comme stratégie

DUNOD

Collection « Psy et Pouvoir »

Avec la collaboration de Nathalie Ferron

NOUS NOUS ENGAGEONS EN FAVEUR DE L'ENVIRONNEMENT :

PAPIER CERTIFIÉ

Nos livres sont imprimés sur des papiers certifiés pour réduire notre impact sur l'environnement.

Le format de nos ouvrages est pensé afin d'optimiser l'utilisation du papier.

Depuis plus de 30 ans, nous imprimons 70 % de nos livres en France et 25 % en Europe et nous mettons tout en œuvre pour augmenter cet engagement auprès des imprimeurs français.

Nous limitons l'utilisation du plastique sur nos ouvrages (film sur les couvertures et les livres).

Graphisme de couverture : Nicolas Wiel
Mise en pages : Belle Page

11 rue Paul-Bert, 92240 Malakoff
www.dunod.com
ISBN 978-2-10-087777-5

À ceux qui ne seront jamais président,
mais qui changent le monde à leur façon.

À ceux qui ne seront jamais président,
et c'est très bien comme ça.

Sommaire

Jean-Luc Mélenchon trahit un narcissisme
« flamboyant à tendance paranoïaque ».
Marie-France Hirigoyen,
Les Narcisse (La Découverte, 2019)

« Gilets jaunes : Houlié (LaREM)
dénonce le "délire paranoïaque" de Mélenchon. »
Le Figaro, 3 janvier 2019

Jadot s'interroge sur l'ego de Mélenchon
et « sa place dans l'histoire de France ».

Jean-Luc Mélenchon « est dans une espèce
de logique paranoïaque ».
Éric Dupond-Moretti, BFMTV, 2021

« Jean-Luc Mélenchon ne dérape pas, il délire. »
La Voix du Nord, 8 juin 2021

Avant-propos

Ce n'est pas la première fois que des psychanalystes tentent d'allonger l'ombre de Jean-Luc Mélenchon sur le divan. Jacques-Alain Miller, héritier du lacanisme, en 2022 affirme que « *Lacan aurait reconnu en Mélenchon une canaille*[1] ». Une provocation, certes, qui souligne la singularité du leader de La France insoumise (LFI), mais qui n'a pas manqué de susciter des désaccords parmi les maîtres de la psychanalyse française, à l'instar de Gérard Pommier. Que la psychanalyse s'intéresse donc à la vie d'un homme politique ou de pouvoir, n'a rien de surprenant ; après tout, la scène publique n'est-elle pas une scène où l'inconscient se déploie, où les masques révèlent autant qu'ils dissimulent ? Freud avait déjà ouvert la voie en 1911 avec *Le cas Schreber*, une analyse consacrée à Daniel Paul Schreber, président à la cour d'appel de Dresde. Il avait ensuite approfondi cette approche en co-écrivant *Le Président T. W. Wilson. Portrait psychologique*, où il explore les mécanismes psychologiques qui influencent les actions d'un leader politique.

En France, face à un engagement qui se fragmente, l'urgence d'un renouvellement des figures politiques s'impose. Jean-Luc Mélenchon émerge ici, à la croisée de l'intellectuel et du politique. Il s'inscrit dans cette lignée de « *l'intellectuel organique* » au sens gramscien, celui qui s'efforce de guider les forces populaires. Et Mélenchon le fait savoir ouvertement par les pages de *Libération* : « *Je suis gramscien ; celui qui a l'hégémonie culturelle a gagné.* » Son ambition est claire, son engagement total. Pourtant, des contradictions apparaissent. Si Gramsci adoptait le langage des ouvriers, Mélenchon, par sa posture, mobilise des citations et des références culturelles qui échappent souvent au cadre populaire. Ce sont précisément ces contradictions, autant que ses provocations, qui font de Mélenchon un objet d'étude privilégié.

Ce livre s'insère dans un cadre évolutif quant à la critique sociale. Le rapport de la psychanalyse au politique s'est intensifié depuis une vingtaine d'années. Des personnalités telles que Paul B. Preciado avec ses constats sur la transformation des subjectivités contemporaines[2], Fabrice Bourlez par sa notion de « psychanalyse *queer*[3] », Laurie Laufer qui évoque une psychanalyse émancipée[4] et Silvia Lippi avec son approche d'une psychanalyse féministe[5] inscrivent leurs réflexions dans un lien étroit avec le politique. C'est dans cette subversion que la psychanalyse se fait politique, dans un environnement où les corps et les désirs deviennent des lieux d'expérimentation et de résistance. En 2017, une pétition intitulée « Appel des psychanalystes contre Marine Le Pen » initiée par trente-deux psychanalystes français, avait été mise en ligne sur la plateforme *Change.org*. Cet appel avait recueilli plus de 7 000 signatures en seulement deux jours. Il me semble donc que les psychanalystes s'insèrent dans l'analyse du monde politique et des figures qui le peuplent.

À travers cette démarche, se dessinent à la fois l'interprétation de la personnalité de l'homme et une bataille plus vaste sur la place de la psychanalyse dans la sphère publique. Le champ politique, en touchant aux questions collectives, varie également selon les contextes nationaux et les tensions propres à chaque société. Aux États-Unis par exemple, l'analyse de Donald Trump a confronté un groupe de psychanalystes à la règle Goldwater *(Goldwater Rule)* du code éthique de l'American Psychiatric Association. Cette règle interdit aux psychanalystes de se prononcer sur la santé mentale de personnes qu'ils n'ont pas examinées directement. En France, en revanche, la psychanalyse s'inscrit de manière plus marquée et avec une « résistance remarquable » dans le champ des sciences humaines. Et je dis heureusement.

Pourquoi Jean-Luc Mélenchon ?

Mélenchon s'impose comme un objet de fascination et de conflit, une figure subversive. On pourrait même le définir comme un homme de rupture. En prenant en considération les figures qui peuplent la scène politique, Mélenchon se distingue comme l'une des figures les plus controversées, fascinantes et atypiques de la Ve République.

Mais qu'est-ce qui justifie de lui consacrer un essai si on prend aussi en compte les autres leaders politiques ? La réponse est liée à ce qui fait de lui un cas unique en France. Un mélange rare du sens de l'urgence politique et du renouvellement. Mélenchon évolue dans une zone d'inconfort puisqu'il questionne les structures républicaines, accepte rarement les compromis et réinvente à chaque fois les formes de son engagement. Cette posture atypique, qui pourrait être déstabilisante pour les autres, est précisément ce qui mérite d'être interrogé. Il invente de nouveaux langages, s'approprie des outils contemporains comme les réseaux sociaux et réinvente l'oratoire. Il exploite alors les nouveaux médias, transforme les débats en véritables spectacles. Alors que d'autres leaders politiques tentent, parfois maladroitement, de se rendre visibles sur des plateformes comme X ou TikTok, Mélenchon va bien au-delà du simple tweet ou de la vidéo postée. Il utilise des innovations comme les hologrammes ou des meetings conçus comme de véritables performances qui rappellent l'univers de la *slam poetry*. En anglais, *slam* évoque une claque et c'est exactement ce que l'on ressent en l'écoutant derrière son pupitre. En l'écoutant, et en le regardant, car son corps est parfois plus puissant que sa parole. Enfin, on sera tous d'accord pour rappeler que Mélenchon puise dans l'Histoire. Il récupère des figures comme Robespierre, des écrivains comme Hugo, et les réactive dans le cadre de ses combats actuels. Comprendre Mélenchon, c'est explorer ce qu'il y a au-delà de sa personne, peut-être l'expression d'une urgence sociale et écologique, un laboratoire d'idées, une figure à la croisée du passé et de l'avenir. C'est pourquoi ce livre lui est consacré. Pour comprendre ce qu'il dit de notre époque et de ses contradictions.

Ma démarche n'est pas de rechercher d'éventuelles dysfonctions et pathologies, ou de poser un quelconque diagnostic, ce qui ne relève ni du propos ni de l'objectif de cet ouvrage. Loin de toute vision réductrice ou « pathologisante », ce livre n'a aucune vocation à entreprendre une psychanalyse de l'homme. Au contraire, il s'agit d'une lecture critique et nuancée des discours et des actions de Jean-Luc Mélenchon. La psychanalyse est, par définition, une relation entre un analyste et un analysant, une dynamique d'alliance thérapeutique fondée sur une demande consciente et volontaire. C'est une mise en retrait pour permettre la déconstruction du transfert, ce mouvement de projection inconsciente qui lie le patient à son analyste, et par lequel le passé ressurgit, se réinvente. Défaire ce lien, c'est ouvrir la voie à une nouvelle compréhension. Comme l'énoncera plus tard le psychanalyste Jacques Lacan, elle crée un « nouveau lien social », qui était absent avant l'apparition de la psychanalyse. Un lien à deux, singulier à l'acte analytique, où se joue la présence de l'Autre. Ce texte cherche donc à explorer les dynamiques inconscientes et symboliques qui semblent sous-tendre les prises de position et la stratégie politique de Jean-Luc Mélenchon. Il s'agit d'une tentative d'éclairer comment l'inconscient et les structures symboliques peuvent influencer non seulement son discours, mais également sa posture politique, sa manière de communiquer, et son environnement. Ma démarche ne revendique aucune vérité absolue ou définitive ; elle est « à prendre ou à laisser », comme toute démarche interprétative.

Avant tout, elle se veut un outil de réflexion, une invitation à ouvrir des perspectives sur la façon dont les forces psychiques et les structures symboliques interfèrent dans le champ politique. L'objectif est non pas de figer l'homme politique dans un cadre théorique mais de fournir des pistes pour comprendre comment ces forces, souvent invisibles, s'entrelacent avec le leadership et les choix politiques. Loin donc de vouloir juger ou enfermer, dans ce livre j'invite à la nuance, à l'écoute des dynamiques profondes, pour mieux appréhender la figure de Mélenchon dans sa complexité et où semble émerger une tension qui appartient au registre de l'intime : « *C'est la cause... la cause non pas catégorie de la logique, mais en causant tout l'effet. La vérité comme cause, allez-vous, psychanalystes, refuser d'en assumer la question...* »[6] Il n'y aura donc aucun jugement de valeur.

Ce livre n'est pas une biographie. Il se construit autour d'une série de séquences inspirées du modèle de la cure analytique. Chaque séquence met en lumière les non-dits, les ruptures et les déplacements symboliques pour explorer les dynamiques qui traversent la pensée et l'action de Jean-Luc Mélenchon. Il invite le lecteur à suivre un parcours composé de « séances », chacune révélant un point de tension, un moment de bascule ou un aspect clé de son projet politique. Ces étapes permettent de mieux comprendre ce qui motive et structure son engagement. Le livre ne suit pas un ordre strictement chronologique. À l'image d'une cure, il se construit dans un va-et-vient entre le passé et le présent de l'analysant. Loin de la linéarité, cette méthode cherche à ouvrir des espaces de compréhension. Les lecteurs y trouveront des références empruntées à la psychanalyse, à la sociologie, à la philosophie, à la littérature.

La restitution s'en trouve marquée par le parcours singulier de son analyste. La méthodologie adoptée repose principalement sur l'analyse des discours et des interventions publiques de Jean-Luc Mélenchon. L'objectif était de comprendre le contenu de ses discours et aussi la manière dont ils sont performés et reçus. Pour ce faire, j'ai privilégié plusieurs types de sources. J'ai opté pour une approche centrée sur l'oralité. Les principales sources primaires utilisées sont les vidéos d'interviews, les enregistrements de meetings, ainsi que les enregistrements des rassemblements politiques disponibles sur YouTube, dans les archives de l'INA et celles des différents médias. Jean-Luc Mélenchon, en tant qu'orateur, est donc au cœur de cette analyse car l'oralité, contrairement aux écrits, révèle les nuances inconscientes, les tics et les lapsus, puisqu'il n'y a pas de médiation possible avec le langage[7]. Sa manière de s'adresser aux foules, d'adapter son message et de tenir compte des contextes politiques fait partie de cette approche méthodologique. Les sources secondaires incluent des articles de presse, des entretiens écrits, des livres, des chroniques, ainsi que des essais et des publications portant sur Jean-Luc Mélenchon, son action politique et son environnement.

1

Le parcours d'un tribun moderne

Un enfant de Tanger

On s'approche d'un homme en cherchant à percer ce qui se défait de son visage, ce qui persiste au bord du dire. Nommer Mélenchon, c'est convoquer l'idée d'un personnage chargé de passions et d'orages. C'est s'engager dans une traversée au cours de laquelle on ne sait jamais trop si l'on marche sur le terrain de la politique ou sur celui, plus mouvant, d'un mythe contemporain.

À mesure que j'avance dans l'écriture de ce livre, l'exigence de comprendre s'impose. Non pas seulement comprendre l'homme public, la figure du tribun, mais aussi le tissu complexe d'où il tire sa force. Peut-être de ses lectures, ses colères, son rêve d'une République nouvelle. Qui est-il vraiment ? Une voix, certes. Une histoire. À mon sens, Mélenchon, c'est d'abord une « faille ». Selon le dictionnaire *Larousse*, une faille est « un point faible, un défaut »... Son signifiact *in extenso* peut aussi vouloir dire « rupture ». Dans le français ancien, du verbe *faillir*, il signifie également « manquer ». Dans ce que je considère comme un mouvement en *crescendo,* cette notion de faille est loin d'être simplement négative. Elle révèle des contradictions. Mélenchon habite la faille, la nomme, trace ses contours dans le sillage de ses souvenirs intimes, dans les arcanes du grand théâtre de la politique. Il y a en lui une ligne de faille qui traverse sa posture et ses discours. Je rappelle qu'une faille est par essence ce qui ouvre au désordre, au chaos, mais qui, paradoxalement, crée une dynamique. Peut-être un nouvel état des choses. Une utopie ? Mélenchon s'y déploie.

Il est né à Tanger en 1951, ses parents divorcent quand il a 9 ans. Il dira plus tard que le départ du Maroc en 1962 est une « *faille fondatrice* » : « *La déchirure, c'est le départ de Tanger… et c'est cela qui me permet de comprendre l'immigré.* » C'est une première rupture qui survient dans l'univers où il avait commencé à se construire, c'est-à-dire au niveau géographique et culturel. Son père était employé des Postes, sa mère institutrice. À Tanger où il passa les premières années de sa vie, les cultures se croisaient dans un tumulte d'odeurs et de couleurs. Mélenchon se souvient des marchés, des étals éclatants, des bruits de la ville. Tanger, c'était une rumeur. Un lieu qui débordait. Un endroit où les frontières se brisaient et où tout se mêlait. Tanger l'avait fait tel qu'il était. La ville a façonné un esprit réfractaire aux exclusions. « *Tanger m'a vacciné de naissance contre l'intolérance* », confiera-t-il bien plus tard, revenant une fois de plus sur ce départ qui semble encore le hanter. « *Je suis un pied-noir, et j'ai été élevé dans une ambiance d'un amour disproportionné pour la patrie républicaine* », dit-il, comme pour ancrer son récit dans une mémoire plus vaste. Puis, il laisse échapper : « *Je ne sais même pas pourquoi on est parti… Nous n'avions aucune raison de quitter le Maroc.* »

Dans sa famille, « *les femmes commandent à l'intérieur, les hommes à l'extérieur* ». Une formule brève pour décrire l'ordre domestique qui marquait ses jeunes années. Ces souvenirs semblent contenir toute une époque, je dirais presque un ancrage qui porte en lui un monde plus vaste. Quand il parle de son enfance, il en parle comme marquée par une culture « viriliste ». « *Je n'ai jamais manqué de père, c'était un homme immense.* » Ce n'est pas la séparation de ses parents qui constitue la déchirure. « *Les enfants ne jugent jamais leurs parents* » confie-t-il. Tous les hommes qui ont marqué l'histoire, qu'ils soient des génies de la littérature, de l'art ou de la politique, semblent suivre un schéma récurrent. Ce schéma repose sur deux pôles essentiels : une relation fusionnelle avec la mère et un conflit, ouvert ou latent, avec la figure du père, ou parfois l'absence de ce dernier. La quête de reconnaissance s'inscrit dans ce double registre. D'un côté, la confiance maternelle, à la fois nourricière et exigeante, constitue le socle de l'ambition. De l'autre, l'opposition au père, que Freud théorise à travers le complexe d'Œdipe, joue un rôle structurant. C'est dans cette tension que l'homme se libère de l'emprise paternelle. Il apprend à dépasser l'autorité qui, depuis l'enfance, lui interdit d'être pleinement lui-même.

Mélenchon porte en lui trois rives de la Méditerranée et une de l'Atlantique, cap Spertel. Une identité éclatée, faite de pièces mal jointes, émotionnellement instable. De Marseille au Jura, du Parti socialiste au mélenchonisme, il se réinvente, il se renouvelle. C'est dans cette faille originelle, peut-être dans le vide creusé pendant son enfance, que s'enracine une partie de sa stratégie politique. Issu d'une famille catholique, il se souvient : *« Il fallait être catholique français, c'est-à-dire différent des autres. »* Il réitère cette idée lors d'un entretien avec *Famille chrétienne* : *« Je suis de culture catholique, je connais la maison. »*[1] Ici encore, une faille, celle d'une appartenance différenciée, qui ne se fond jamais totalement dans l'unité. La séparation de ses parents qu'il évoque comme une chose d'un autre ordre, moins importante, pourtant, elle aussi, est marquée par l'époque, par cette époque où la famille qui se sépare, c'était un choc. Une déchirure mal vue. La vraie blessure, c'était l'excommunication, l'Église qui les avait jetés dehors, comme on expulse des étrangers de la grande maison. Car l'Église, à l'époque, c'était le lieu de tous, le grand marché du dimanche, la place où l'on se croisait. C'est cette mise à l'écart qui l'a marqué profondément. Une blessure qui a fait naître la colère : « *C'est ça qui m'a donné une raison de me fâcher,* dit-il. *Une raison de devenir cet homme qui tonne, qui gronde, qui hurle.* » Cette blessure éveille en Mélenchon une colère originaire contre les exclusions et les injustices. Et pourtant, cet homme qui tonne est aussi capable d'apaisement. Je me souviens d'un moment à Marseille, en 2017, lorsque Mélenchon est monté sur scène avec une petite branche d'olivier à la main. Je peux bien sûr m'attarder sur ce jour, où il a dit : « *J'ai amené avec moi, pour l'ajouter au symbole du* phi *de la sagesse, que j'ai proposé à cette campagne électorale, ce rameau d'olivier pour qu'il soit notre emblème, celui de l'arbre de la Méditerranée.* » Et face à cette dernière mer qui lui est chère, et qu'il connaît si bien, il portait peut-être la promesse d'une réconciliation, un clin d'œil adressé à une partie de l'électorat.

En 1962, ce monde multiple qu'est le Maroc, se referme derrière lui. Il parle de son départ comme d'une déportation. La Normandie s'ouvre devant lui sans éclat, sans promesse. Son arrivée dans la ville d'Yvetot n'est pas un coup de foudre. En 1965, Mélenchon vit une rencontre qu'il qualifiera plus tard d'« *extrêmement structurante* ». Une expérience double, amoureuse et intellectuelle. Lui, adolescent ambitieux, offre à Martine, la jeune fille dont il est amoureux, *Les Fleurs du Mal* de Baudelaire. Il insiste pour qu'elle lise « L'Albatros », ce poème où l'oiseau, ridiculisé et maltraité, exprime l'image d'un génie contraint, sublime en vol, mais fragile chez les hommes. « *Ça correspondait bien à ma mégalomanie personnelle* », dira-t-il, voyant dans cet albatros une projection de lui-même, entre grandeur rêvée et maladresse. Martine, en écho, lui offre *L'Histoire de la Révolution française* d'Adolphe Thiers. Malgré tout, l'auteur de ce livre sera le responsable de la répression sanglante des insurgés de la Commune de Paris. La « Semaine sanglante » de mai 1871, marquée par des milliers de morts, signera l'achèvement brutal du mouvement révolutionnaire. Et puis, il y a d'autres départs, encore. Après Yvetot, Elbeuf ; après Elbeuf, Lons-le-Saunier. Puis Besançon pour ses études à l'université. Ici, il apprend les rouages du militantisme structuré. Mélenchon commence à faire émerger une parole forgée dans le feu des idées. Il reste de cette jeunesse une colère qui nourrit l'élan vers les luttes à venir. Tout cela, peut-être, se joue dans ce fil tendu entre l'héritage et la rupture, entre l'exil et la quête d'un ancrage.

Une stratégie politique construite sur la rupture

Tout commence avec la tension d'un homme qui cherche sa place dans un monde en train de s'effondrer et de se reconstruire. Je le vois avancer, emporté par une énergie qui dépasse le simple parcours individuel. Jean-Luc Mélenchon est un homme de ruptures et de recommencements. Il est question de la manière dont un individu se réinvente face à lui-même et aux autres.

Dans les années 1970, il est parmi les membres de l'Organisation communiste internationaliste, le courant trotskiste qu'on appelait « lambertiste ». À l'écart des doctrines plus modérées, ce courant embrassait une vision révolutionnaire du socialisme, héritière de la Quatrième Internationale fondée par Léon Trotski. Puis sous la bannière d'un Parti socialiste revivifié par François Mitterrand, il investit peu à peu l'espace. La toute première image que l'on garde de Mélenchon remonte à 1981. À l'époque, il était directeur de cabinet du maire Claude Germon. *« Il faut savoir parler le langage de la passion »*, disait-il, jeune et plein d'élan, déjà marqué par un socialisme écologique. *« La passion, ne se réduit pas à l'émotion »*, elle engage l'être entier, dans une adhésion totale à ce qu'il pense, à ce qu'il ressent. En 1992, il soutient le traité de Maastricht. Quelque temps après, tout se resserre. Fidèle à l'inconstance et aux revirements, Mélenchon tranche : Maastricht, « *c'est l'échec sur toute la ligne* ».

Le 21 avril 2002, Lionel Jospin est éliminé au premier tour de l'élection présidentielle. Le duel final oppose Jean-Marie Le Pen à Jacques Chirac. Pour Mélenchon, le choc est violent. Ancien ministre délégué à l'Enseignement professionnel, il sort d'une période de deux ans au gouvernement. Une crise s'installe. Quatre paquets de cigarettes rythment ses journées. Chaque matin, il se confronte à lui-même. *« Je me détruisais »*, dira-t-il plus tard, car la colère frappe aussi son propre camp. Invité chez Marc-Olivier Fogiel, il parle sans détour de ce moment. À 50 ans, son corps flanche, mais l'esprit reste vif. Il choisit de reprendre la main en s'imposant une discipline rigide : journées organisées, listes de tâches. Lever, travail, repas, sommeil, tout est bien millimétré. Les cigarettes disparaissent. *« J'ai des carnets, j'écris d'une manière assez appliquée. J'ai le plaisir physique de ranger les mots. »* En Mélenchon transparaît une pratique où l'écriture dépasse l'acte technique pour devenir un processus presque thérapeutique. « Ranger les mots » pourrait aussi être perçu comme une tentative d'organiser ou de soigner les « maux » psychiques. L'ambiguïté phonétique entre « mots » et « maux » renforce l'idée qu'écrire deviendrait un moyen de mettre en ordre ce qui, dans le corps ou dans l'esprit, est vécu comme chaotique. L'écriture façonne, ordonne, apaise. Ce plaisir physique du geste, du tracé de la main, renvoie à la réappropriation du corps, à une mise en rythme qui lie souffle et pensée. « *Le souffle va avec la main. C'est un moment de plénitude, de tranquillité* » dit-il, allongé sur le divan de Fogiel.

À cette époque, beaucoup de socialistes voient dans l'Europe un projet de coopération entre les nations, un cadre pour le progrès social. Mais chez Mélenchon, pas de ligne droite. En 2005, il s'oppose frontalement à la Constitution européenne. Pour lui, ce texte consacre le néolibéralisme, trahit ses idéaux de justice sociale, de souveraineté populaire. S'il y voyait une chance de réforme, il découvre un carcan, une Europe qu'il faut désormais questionner ou refonder. En 2008, quitter le Parti socialiste fait partie d'une stratégie. C'est un scénario. Il joue Mélenchon, il joue à être celui qui brise les chaînes. Chaque mouvement est symbolique, calculé, la politique transformée en une partie de Monopoly. Il acquiert des propriétés, revendique des territoires, tout en naviguant entre les cartes Chance et les surprises du jeu. L'espace de Winnicott, c'est l'endroit où l'on teste et où l'on se réinvente. Il ajuste les règles à chaque tour, module son langage comme on déplace un pion stratégique. Et dans ce jeu il y a quelque chose de presque enfantin. Une légèreté assumée, portée par le plaisir de bouleverser les normes, avec la fougue de l'enfant déterminé à explorer au-delà des limites de sa chambre. Mais Mélenchon, ce tribun « aux semelles de vent », ne s'arrête pas à la jubilation du jeu. Il déploie ses ailes dans l'arène où le tumulte des foules et la lumière crue des caméras se croisent en silence. Encore, ici, sur les places pavées de cris et dans les studios saturés d'échos, il forge sa double couronne de « roi des urnes », de héraut médiatique. Quoi de plus puissant que les places urbaines ou les grands médias pour façonner le discours politique ? Chez Jean-Luc Mélenchon, deux formes de « capital » cohabitent. Un capital politique, fort de ses 22 % d'électeurs (mais pas trop fort non plus pour atteindre l'objectif ultime), et un capital médiatique, qu'il manie avec précision et qui fait de lui une figure centrale dans les grands médias. Je vois ces deux forces s'alimenter l'une de l'autre, mais aussi s'épuiser mutuellement. Je me demande ce que reste de tout ça une fois les projecteurs éteints.

Porte-parole des mécontents, Mélenchon est aussi la matière première d'une machine médiatique avide de sa présence. Ses propositions concernant la retraite à 60 ans, la hausse du SMIC à 1 600 euros, la renégociation avec l'Europe, Israël et Gaza…, sont des leviers qui attisent les émotions. Ils cristallisent le désir collectif, les tensions inconscientes, tel l'Éros de la solidarité et le Thanatos de la colère et de la rage. Mélenchon sait qu'il est l'objet d'un désir médiatique. En tant que « signifiant maître », il occupe l'espace du débat, s'assurant de rester au centre des discussions même lorsque ses propositions ne sont pas majoritaires. Il offre un cadre protecteur car il permet à ses électeurs de projeter leurs espoirs et leurs frustrations. De ce fait, il « contient les tensions », il structure le désarroi de la gauche radicale, il absorbe la colère. On l'a vu récemment lors de l'occupation de Sciences Po Paris par des manifestants pro-Palestine. Leurs propos ont reçu le soutien d'une partie de l'intelligentsia de La France insoumise. Une fois de plus, Mélenchon joue cette fonction « contenante », qui protège et soutient les aspirations de ses membres. À ce sujet, Samuel Mayon affirme que « *la neutralité de l'université est bien plus qu'un simple principe de conduite ; elle est la garantie de son intégrité intellectuelle et de son impartialité* »[2]. Cependant, pour ceux qui, comme moi, ont fréquenté et enseigné dans une université française, il apparaît évident que, dans le domaine des sciences humaines, le savoir est intrinsèquement une forme d'engagement. Comment peut-on réellement parler de neutralité lorsque l'acquisition de ce savoir vise précisément à favoriser l'autonomie intellectuelle ? Loin d'être un environnement neutre, l'université est le « lieu » où se construisent les pensées critiques et se dessinent les engagements politiques. L'exemple de Michel Foucault me semble particulièrement pertinent. Son travail sur les relations de pouvoir et la construction des savoirs démontre que le savoir n'est jamais réellement neutre. Foucault nous montre comment chaque discours est profondément imprégné d'intentions politiques, ce qui remet en question l'idée même d'une objectivité absolue au sein du champ académique.

Hystérisation de la vie politique

Au cours de l'année 2024, un séisme politique secoue le camp présidentiel. Il m'est difficile d'ignorer la défaite du parti d'Emmanuel Macron aux élections européennes du 9 juin. Face à cette débâcle qui fragilise encore plus son autorité symbolique, le président décide de dissoudre l'Assemblée nationale. Bien plus qu'une simple stratégie politique, ce geste marque un tournant décisif, un véritable passage à l'acte[3]. C'est une rupture profonde dans l'exercice du pouvoir. Confronté à l'impasse d'une situation désormais intenable, cet acte se veut à la fois réponse immédiate et restructuration d'un ordre politique déjà en place. Car tout acte est porteur de sens ; il inscrit une coupure signifiante, un moment structurant qui, dans *l'après-coup*, révèle un sujet transformé par ce saut dans l'inconnu.

Le premier tour des élections législatives est fixé pour les 29 et 30 juin, suivi du second tour les 6 et 7 juillet. Cette décision, imprévue, plonge la vie politique française dans une période d'incertitude. Le soir du 7 juillet, Jean-Luc Mélenchon s'avance devant ses partisans pour revendiquer la victoire du Nouveau Front populaire (NFP). Dans un contexte politique fragmenté et incertain, le leader de la gauche radicale voit ce succès comme le fruit d'une recomposition de la gauche qui s'est rassemblée autour de promesses de renouveau. Une victoire qui résonne bien plus fort qu'un simple résultat électoral : c'est la voix d'un peuple qui veut autre chose. Le système, dit-il, est à bout. Alors on tranche, on recommence.

Jean-Luc Mélenchon prend la parole le soir des premières estimations. D'un ton ferme, presque celui d'un leader triomphal, il déclare que « *le président doit appeler le NFP à gouverner* » et exige que le Premier ministre quitte ses fonctions. Le verdict des urnes est sans appel. Emmanuel Macron est le grand perdant de cette bataille électorale. Selon le chef de La France insoumise, il ne reste au président qu'une seule option, celle de « *s'incliner et admettre cette défaite* ». En articulant ces mots, Mélenchon se place en figure de proue d'une ère politique nouvelle où la gauche radicale, longtemps marginalisée, retrouve une place de premier plan. Derrière l'appel à la démission, c'est un défi lancé à un pouvoir qui à ses yeux vacille. D'ailleurs, on sait depuis Lacan que « *l'inconscient, c'est la politique* ».

Ses déclarations sur la dissolution de l'Assemblée nationale interrogent l'Autre (le pouvoir en place), ses incohérences. Elles révèlent la frustration face à un ordre symbolique perçu comme déconnecté des désirs du peuple (le Réel) : « *La crise est sa mise en scène obligatoire… elle doit être présentée dans la vie réelle, en* live, *parce que ni la pensée ni la parole ne peuvent exprimer ses contraires. Elle devient la vie elle-même : c'est à peine un passage à l'acte, puisqu'il n'y a pas d'autre moyen pour l'exprimer que le théâtralisme et la monstration du corps souffrant.* »[4] Freud a élaboré le concept d'hystérie à partir du terme grec *hysteros*, qui évoque le dépassement des limites. L'hystérie se manifeste par une crise du corps, vecteur de la transgression toujours aux frontières du langage. Pour le sujet, c'est un moyen de traduire physiquement ce qu'il ne peut exprimer par les mots. L'attachement des militants trotskistes à la figure des leaders est une caractéristique de leur histoire politique.

Des personnages comme Trotski, Lambert, Frank, Krivine sont devenus des icônes révolutionnaires. Je crois que dans ce contexte, La France insoumise se déploie dans un paradoxe particulier. Ce mouvement, qui se veut charismatique et décentralisé, est structuré comme une organisation horizontale où malgré une ouverture à la pluralité des voix, l'espace d'expression reste *de facto* limité. Ni parti traditionnel, ni structure rigide, ce collectif revendique l'ouverture et l'absence d'une doctrine. Au cœur de cet espace se dresse Jean-Luc Mélenchon, et c'est autour de lui que l'imaginaire des Insoumis souvent est séduit par une doctrine assez rigide[5]. C'est une contradiction, et dans le sens établi par Gilles Deleuze et Félix Guattari, on pourrait la qualifier de « schizophrénique ».

Parmi les hommes politiques d'aujourd'hui, la ténacité de Mélenchon, son *ethos*, ses récupérations d'un passé vu comme révolutionnaire, tout cela me questionne. Ses discours sont traversés d'une charge émotionnelle rare. Son rapport au pouvoir, à l'autorité, à la lutte elle-même, évoque une « *théâtralisation hystérique de soi*[6] ».

Chez lui, la crise est pérenne. Elle se met en scène, se joue sans relâche. Dans ce sens, Mélenchon est un acteur. Il théâtralise, ses paroles captivent, galvanisent le conflit. Comme l'hystérique qui doit se montrer pour exister, il met la crise sous les yeux de son public. Le corps parle pendant que les mots échouent. L'hystérique, par son corps en crise, exige du regard, réclame une réponse. Par ses discours il attaque les figures d'autorité. Macron, les puissants. Un jeu constant de contestation et de prise de place, comme l'hystérique face au père qu'il veut détrôner, tout en cherchant à l'imiter. Homme viril, il se bat contre ce qu'il lit comme une faiblesse. L'idée de la soumission n'est pas loin. Cette lutte cache peut-être une angoisse plus profonde. C'est d'ailleurs cette dernière qui pousse à l'action. Parmi les définitions existantes, l'angoisse peut être perçue comme un état marqué par un danger imminent, également quand ce danger reste inconnu. Contrairement à la peur, qui est une réaction à un danger précis et identifié, l'angoisse se caractérise par son aspect flou et indéterminé. Freud a souligné l'importance de cet état dans la dynamique psychique, notamment en lien avec les pulsions refoulées.

On sait en revanche que, dans l'hystérie, la vérité se joue dans le conflit. Sur le terrain politique, Mélenchon ne déroge pas à cette règle. Pour lui, exister politiquement, c'est la confrontation, comme si la politique elle-même devenait une crise collective. Selon Lacan, l'hystérique cherche à déstabiliser le maître en le poussant à révéler ses failles et ses incohérences : « *Ce que veut l'hystérique, c'est un maître à ébranler.* »[7] Les souvenirs de Charcot à la Salpêtrière gravent l'hystérie dans l'imaginaire collectif.

Par sa demande d'abdication du président et du Premier ministre, Mélenchon invoque un désir de rétablissement d'une loi symbolique. Ce rejet de l'Autre, du pouvoir actuel, une figure perçue comme défaillante, est plus qu'un simple geste politique. Lacan aurait pu y voir la manifestation d'un désir de retour au « Nom-du-Père », cette figure de l'autorité, principe structurant du lien social. Dans cette lecture, Mélenchon ne demande pas seulement une alternance politique. Cette revendication est une tentative pour rétablir une Loi capable de redonner au champ social sa structure signifiante. Une provocation ? Il se fait alors l'orateur de ce désir d'une Loi que l'on pourrait qualifier de symbolique et non répressive. Mais là encore, son appel à l'abdication est perçu comme l'expression d'un désir de rupture avec une figure paternelle qu'il juge comme inadéquate.

Le bruit et la fureur : la provocation comme stratégie

« *Je suis le bruit et la fureur, le tumulte et le fracas* », déclarait Jean-Luc Mélenchon en 2010, alors président du Parti de gauche (PG), lors d'un discours au parc des expositions du Mans. Il ajoutait : « *Je suis capable d'emmener le peuple français mieux que ne le fera jamais le directeur général du FMI.* » La provocation est donc pour Mélenchon énergie vitale. Elle structure son agir politique. Fondée sur la rupture et l'impact, la provocation est au cœur du positionnement dans le champ politique.

Selon le dictionnaire *Le Robert*, « provoquer » signifie « inciter, pousser quelqu'un à une action, notamment à une action violente », mais aussi « exciter le désir par son attitude ». Deux axes dans lesquels s'inscrit Mélenchon tout entier, comme une figure tirée d'un bas-relief puis sculptée dans le vif de l'époque. Dans ce monde hyperconnecté, saturé de visages, de mots qui s'éparpillent et se perdent, comment, parmi la multitude des figures, parvient-il à fixer le regard ? J'ai presque l'impression qu'il fixe le moment. Il y a, dans la dynamique de la provocation, la recherche d'une jouissance. Provoquer, c'est faire naître un élan. Lui, ne s'efface jamais, il ne s'impose pas tout à fait. La provocation vise à susciter une réaction qui peut produire répulsion et admiration. C'est à peu près ce que développe la psychanalyste Évelyne Larguèche dans son livre lorsqu'elle interroge le mécanisme par lequel l'objet de la provocation se transforme en objet d'admiration : « *Le provocateur, lui, se propulse sur le devant de la scène. Il attire applaudissements ou sifflets ; il perd ou il gagne, il met en danger son image.* »[8] Cette mise en danger n'est jamais sans enjeux. Si provoquer conduit le sujet en question à gagner en termes de reconnaissance, suivi, admiration, il est alors difficile de nier qu'elle se transforme en stratégie. Une stratégie qui, à travers le risque et l'exposition, déplace les lignes du regard et assoit une forme de pouvoir.

Mais de quoi s'agit-il dans le cas de Mélenchon ? Si l'on écoute Jérôme Guedj, député PS : « *Jean-Luc Mélenchon… il était plus que jamais ancré sur la stratégie du bruit et de la fureur, de la conflictualisation. Qu'il fallait y rester pour permettre à la situation prérévolutionnaire de se transformer.* » La provocation comme moyen d'élargir les fissures, d'exploiter les failles, de faire vibrer ce qu'il nomme « *situation prérévolutionnaire* ». Il joue avec le langage, avec le silence des institutions, avec leur inertie. Sa voix se démarque pour occuper cet espace vacant où le politique, souvent, peine à pénétrer. Le recours à la provocation, alors, se fait dialectique. En tirant les lignes jusqu'à leur rupture, il espère atteindre un point de bascule, ce moment où la tension fait éclater les certitudes. La provocation, dans ce cadre, s'impose comme un art de la forge ; on voit que le métal chauffe, se tord, pourtant il prend forme. Elle ne se borne pas à l'instant du choc. Et si provoquer était, justement, le pari d'une transformation, et le désordre, une étape ? On ne construit pas sans arracher à l'ordre ancien ce qu'il cache des contradictions.

Comment la provocation peut-elle devenir une véritable stratégie pour Mélenchon ? Du marketing à la politique, en passant par la communication, elle trouve sa place dans tous les espaces, dans les centres urbains comme dans les campagnes, dans le langage verbal ou visuel, et même dans l'espace public à travers le corps. Au cœur de cette approche se trouve le concept de *badvertising*, qui repose sur l'exploitation des réactions négatives ou controversées pour générer de la visibilité. La logique est simple, on crée un conflit, on l'amplifie et on polarise l'attention sur soi ou sur la marque politique représentée. Pour Mélenchon, cette méthode se traduit par des invectives ciblées, des situations assez conflictuelles. Il s'agit d'un moment où la provocation est utilisée pour transformer une situation de tension en une affirmation de sa propre légitimité politique. Elle permet de structurer le discours autour d'un antagonisme et de dessiner un conflit entre « eux » et « nous ». Par exemple, la député Sophia Chikirou, dans une déclaration soufflée en 2017 au *Monde*, expliquait que « *l'affrontement avec les journalistes, en 2012, c'était pensé, organisé, théorisé* » et qu'elle mettait « *en œuvre le bruit et la fureur : on partait de 3 %, c'était notre seule chance d'exister* ». La provocation perçue comme une métaphore du pouvoir lui-même est l'idée de la théoricienne politique Rahel Süss qui propose de voir la provocation non seulement comme une pratique politique, mais aussi comme une condition inhérente à la démocratie : « *La démocratie ne peut être fondée sur un principe stable, elle doit constamment s'engager dans de nouvelles provocations.* »[9] Mélenchon, lecteur attentif de Shakespeare ? Peut-être. Il semble s'inspirer de ce que l'auteur anglais désigne comme « *le bruit et la fureur, le tumulte et le fracas* ». Mais ce choix, ce recours « au bruit et à la fureur », relève-t-il du hasard ? Dans l'acte V de *Macbeth*, les mots de Shakespeare résonnent :

« La vie n'est qu'une ombre qui passe,
Un pauvre acteur qui se pavane et s'agite une heure sur la scène,
Et qu'ensuite on n'entend plus.
C'est un récit raconté par un idiot,
Plein de bruit et de fureur,
Et qui ne signifie rien. »

Shakespeare nous suggère peut-être une clé pour comprendre l'art du fracas dans la société contemporaine par un « *récit qui ne signifie rien* » ? Dans le champ politique, cette dynamique correspond à l'analyse de Guy Debord dans *La Société du spectacle*. Le conflit et la mise en scène prennent une place prépondérante par rapport au contenu. Pour Mélenchon, le « bruit » fonctionne comme un outil stratégique. Il renforce son rôle de figure centrale et met en évidence sa capacité à défier le *statu quo*. Cette approche se manifeste dans de nombreux aspects de son action politique, notamment à travers les déclarations polémiques et les invectives. Par exemple, lors d'un meeting, il répond à Emmanuel Macron par la formule : « *C'est la rue qui a abattu les rois, les nazis, le plan Juppé et le CPE...* » Mais encore la provocation comme « acte » par l'annonce du dépôt d'une proposition de loi visant à supprimer du Code pénal le délit d'apologie du terrorisme. Les médias s'interrogent sur cette stratégie. *Le Figaro* parle d'une « *stratégie à double tranchant* » faite de tensions, d'obstruction et de provocations. *Atlantico* pose la question de l'efficacité d'une stratégie fondée sur la conflictualité permanente et le chaos : « *Tout conflictualiser et provoquer le chaos : quelle efficacité possible pour la stratégie des Insoumis ?* » Enfin, *Le Parisien* souligne cet aspect en titrant : « *Jean-Luc Mélenchon, la stratégie de la provocation* ».

Jean-Luc Mélenchon, le perdant et le gagnant

Malgré son allure d'homme providentiel, Jean-Luc Mélenchon s'enlise dans une série d'échecs. Mais à bien regarder, perdre, parfois, c'est déjà commencer à renaître. Le 22 avril 2012, le score réalisé lors des élections est de 11,1 %. Cette année s'inscrit profondément dans son esprit. Il croise le chemin de Hugo Chávez. Cette rencontre façonne sa posture politique et son rapport à l'engagement. Chávez, figure controversée, se révèle pour lui comme « *source d'inspiration* », un idéal de résistance. En mémoire du président vénézuélien, Mélenchon déclare : « *Ce qu'il est ne meurt jamais. C'est l'idéal inépuisable de l'espérance humaniste de la révolution... Tous les peuples d'Amérique latine ressentent la douleur de cette perte, et j'ai honte pour nous, en Europe...* » Pourtant, comme le répètent la plupart des associations et des médias, « *le Venezuela, démocratie imparfaite et populiste sous Hugo Chávez, a glissé vers la dictature. Plus de deux millions de Vénézuéliens ont fui leur pays depuis l'avènement du chavisme* ».

L'échec, défini comme « résultat non concluant d'une tentative, d'une entreprise, absence de réussite ; défaite, insuccès, revers », dépasse une simple connotation de disparition. Dans une perspective historique de « passage à la postérité », il prend une dimension plus nuancée. Il convient de rappeler que l'échec participe également à la formation des mythes, suivant la logique chrétienne du « qui perd, gagne ». 10 février 2016, TF1, Jean-Luc Mélenchon est face aux caméras. Il annonce sa candidature pour l'élection présidentielle de l'année suivante. Il se délie du Front de gauche, le cadre ne lui suffit plus. Il lui faut une autre forme. La France insoumise. Ce moment est une fracture. Mélenchon s'extrait du cercle, il se pose ailleurs, en dehors. C'est une esquive. Seule une rupture avec le passé peut lui permettre d'affirmer tout ce qui ne peut se dire autrement.

En 2017, lors du premier tour de l'élection, Mélenchon atteint les 19,58 % des préférences, ce qui le place en quatrième position. C'est sans doute une progression mais cette incapacité à atteindre le but nourrit la frustration. Ce parcours chaotique interroge. À quel prix Mélenchon espère-t-il redéfinir la politique française ? Cette lutte rappelle celle de Georges Marchais, ancien premier secrétaire du PCF, qui malgré l'évolution des temps attirait une part non négligeable des suffrages, frôlant les 15,3 %. Sa présence sur la scène politique évoque un temps où les luttes ouvrières prenaient corps dans les urnes. Cependant, le paysage a changé, l'ouvrier s'est progressivement transformé en consommateur. Si cette évolution a été intégrée par le champ présidentiel, elle demeure largement négligée par une bonne partie de la gauche dite « radicale ». Le désenchantement guette, car avancer sans jamais toucher le but peut mener au désespoir.

En 2022, Jean-Luc Mélenchon dépose à nouveau sa candidature à la présidence. Il choisit d'abord de se tenir à l'écart de la Primaire populaire. Le geste est presque attendu. Il préfère son propre chemin déjà tracé. C'est préserver le « je » construit des années plus tôt. Comme s'il y avait une fidélité à soi-même, à ce récit qui le fait, depuis 2016, un homme hors cadre. D'ailleurs, la stratégie du cavalier seul semble désormais désuète, comme l'ont bien démontré les dernières réflexions et la formation du NFP. L'échec des idéaux socialistes et de la classe ouvrière hante les discours de Mélenchon. En troisième position avec 21,95 % des voix, Jean-Luc Mélenchon atteint son sommet. C'est son meilleur score en trois candidatures. Pourtant, il échoue aux portes du second tour. Le seuil est là et il reste infranchissable. *« Si vous pensez que je ne dois pas être Premier ministre, je ne le serai pas. »* Puis le 22 juin, « *bien évidemment* », « *prêt à devenir Premier ministre* », relance-t-il lors de la dernière votation. C'est ici que se loge la jouissance, dans la tension perpétuelle entre le désir et son obstacle. Ce qui échappe est aussi ce qui nourrit. Au même niveau que le sujet en analyse, Mélenchon tire une forme de jouissance de cette répétition. Toujours à la limite, jamais dans l'aboutissement. Il se maintient dans ce mouvement vers un objet impossible, là où le pouvoir, comme la jouissance, se dérobe et fascine. Pourtant, Mélenchon ne semble pas être de ceux-là. Malgré ses campagnes, malgré le soutien populaire, il reste à la marge. Tel un perdant acharné, certes, mais un perdant tout de même. Avec des idéaux vastes, une grandeur de pensée, mais sans victoire décisive. Ses interventions portent la trace d'une nostalgie. Une époque révolue, toujours invoquée et inaccessible. Cette nostalgie se heurte à un échec plus profond. Les promesses non tenues. La mélancolie s'installe. La « *mélencholie* » s'affirme. Ce passé glorieux qu'il convoque sans cesse est devenu un fantôme. En psychanalyse, la nostalgie est souvent la forme visible d'un manque. La jouissance réside aussi dans ce regret. Elle naît du manque, de ce qui aurait pu être mais ne sera plus.

Entre Robespierre, Anacharsis Cloots, Thomas Paine et Gracchus Babeuf

Il est des hommes qui cherchent dans l'Histoire des ancêtres pour s'y mesurer, des révolutions inachevées qu'ils s'efforcent de prolonger. Mais peut-on les faire vivre sans les trahir ? Je n'en suis pas sûr. En 2023, Jean-Luc Mélenchon signe la préface de *Robespierre l'innocent*[10]. Il y consacre le révolutionnaire comme « *fondateur de la République* », affirmant, une fois encore, la continuité entre l'héritage révolutionnaire et sa propre vision politique. Mais à quel moment naît cette identification ? En 2019 déjà, *L'Obs* mettait en scène un photomontage de Mélenchon sous les traits de Robespierre, une image qui ne fait que souligner cette filiation presque théâtrale. On pourrait y lire le désir de Mélenchon de se placer dans le prolongement d'un mythe fondateur. S'agit-il également d'un héritage qui lui permet de donner une cohérence à son action politique ?

En 2016, lors de l'émission « Et si c'était vous ? » consacrée à Robespierre, Mélenchon affichait clairement son admiration pour cette période révolutionnaire, évoquant le renversement de la monarchie[11], la réaction face aux complots et le rôle du tribunal révolutionnaire, qu'il présentait avec une certaine nuance. Il refusait de trancher entre « bons » et « mauvais » révolutionnaires. Cette posture lui permettait également de réhabiliter Robespierre, de l'ériger en bouc émissaire injustement sacrifié par l'Histoire. Son proche, Alexis Corbière, lui avait même dédié un livre : *Robespierre, reviens*[12]. En 2014, Mélenchon qualifiait Robespierre de « *notre libérateur* » tout en traitant Marie-Antoinette de « *pauvre petite crétine* ». Mais encore en arrière, en 2011, il déclarait avec assurance : « *Robespierre, c'est moi.* » C'est la construction d'un mythe personnel : « *Mais, au sein de la maison Mélenchon, Robespierre est à la fois une référence et un bloc. Pas question d'écorner l'idole, ne serait-ce qu'au nom de la laïcité ou de la défense des droits du citoyen.* »[13] Mélenchon voit-il chez Robespierre ce qu'il n'arrive pas à exprimer lui-même ? La distance entre les deux hommes montre l'usage qu'il fait de l'Histoire. Elle est utilisée comme source d'inspiration pour créer un récit qui va au-delà des limites du réel. Mais peut-on réellement comparer un tribun moderne, médiatique, à celui que l'Histoire a figé dans la figure implacable de la Révolution ? La question reste ouverte.

En revanche, si je devais chercher une figure révolutionnaire pour éclairer la trajectoire de Jean-Luc Mélenchon, je ne me tournerais pas vers les vainqueurs de l'Histoire, ceux qui, de la Révolution à l'Empire, ont su conquérir et préserver le pouvoir au prix de compromis. À chacun son mythe et ses usages. Je pense par exemple à Jeanne d'Arc, figure tellement réinvestie par l'extrême droite au point qu'elle semble aujourd'hui incarner l'idéal détourné d'une nation pure et repliée sur elle-même. Je vois Jean-Luc Mélenchon mobiliser un autre type de mythe, celui de la révolution, celui d'un peuple insurgé et insoumis. Mais peut-on vraiment bâtir un projet politique durable sur des mythes ? À tous les historiens qui pourraient me reprocher cette comparaison un peu hasardeuse, néanmoins légitime, dans le cadre d'une historiographie nationale souvent hégémonique, je préfère évoquer quelque oublié de la Révolution. Mais qui, parmi les tribuns de notre histoire, saurait s'élever à la hauteur de Mélenchon ? Quels noms, surgis des ombres du passé, pourraient prétendre égaler cette voix ? En 1792, des « alliés du peuple français », étrangers illustres, adhérèrent aux idéaux de la Révolution. Sur proposition d'André Chénier, pour la première fois, des étrangers furent invités à siéger à la Convention et y furent élus. Parmi ces esprits je m'arrêterais d'abord sur les cas d'Anacharsis Cloots[14] et de Thomas Paine[15]. Puis sur le « plébéien » Gracchus Babeuf[16].

Le premier était un baron prussien devenu français. Guillotiné avec les hébertistes, le 4 germinal an II. Cloots portait de grands idéaux. Michelet l'appelait « *l'infortuné* ». Il rêvait d'une république universelle, une vision trop extrême, même pour les Jacobins. On le regardait comme captivé par des idées nouvelles et radicales. Il avait juré une « *haine immortelle* » à l'aristocratie. Il renia son prénom, Jean-Baptiste, qu'il jugeait trop chrétien, et adopta celui d'Anacharsis. Il se fit appeler « *orateur du genre humain* ».

Mélenchon, à travers l'assonance du titre de son livre, revendique également d'être l'« *orateur du peuple humain* ». Entre le genre et le peuple, une tension s'installe. Le genre, vaste et abstrait, incarne l'universalité. Le peuple, lui, marche et chante dans la boue de l'Histoire. L'un parle de justice et de lumière, l'autre répond avec la faim et la révolte.

Cloots s'érigea en porte-parole des étrangers venus à Paris, un défenseur des causes sans frontières. Il semblait vouloir parler pour tous, dépassant sa propre identité au nom d'un idéal universel. « *Mon cœur est français, mon âme est sans-culotte* », disait-il. En affirmant que « *la religion est une relation entre Dieu et ma conscience ; et non pas entre Dieu et des consciences prises collectivement* », il défend une vision individualiste de la religion, en rupture avec la conception collective de l'Église. Il s'oppose à l'idée d'une autorité religieuse qui parle au nom de tous. De même Mélenchon, « *laïc convaincu* », défend la séparation entre l'État et la religion. Cette posture rejoint, en écho, l'idée que la religion ne doit pas être une force collective imposée à tous. Cloots, révolutionnaire universaliste, prône l'abolition des structures religieuses. Mélenchon, républicain laïc, défend un cadre où la religion est cantonnée à la sphère privée, sans qu'elle n'ait à disparaître totalement. La tension entre l'individualisme et le collectif résonne avec les idées freudiennes. En 1933, Freud met en lumière les sujets qui « *échouent devant le succès* ». Leur frustration externe ne s'avère pas pathogène. C'est la possibilité de satisfaire des désirs devenus insupportables. Ce constat déclenche ce qu'il appelle la « frustration interne ». Le sujet se refuse à lui-même la satisfaction de ses aspirations. Pour Freud, ce mécanisme ne relève ni de la névrose ni d'un simple syndrome. On sait en revanche que la systématisation de la conduite d'échec peut mener à la névrose d'échec où l'histoire du sujet est empreinte d'un projet inconscient d'auto-sabotage. Ce projet trouve ses racines dans un schéma archaïque lié à des expériences vécues pendant l'enfance. Le sujet rejoue inlassablement cette trame sans jamais réussir à la transcender. Ces échos du passé « encombrent » le présent. Chaque échec est alors une résonance d'anciennes blessures.

Au cours de ce cheminement, des voix obstinées bruissent encore ; il suffit d'un vacillement pour qu'un nom oublié réclame sa place parmi nous. Je récupérerais encore un illustre oublié. Un certain Thomas Paine, père de la Révolution américaine. Ses écrits résonnent encore en nous par leur modernité. Élu à la Convention pour le Nord-Pas-de-Calais, cet homme d'ailleurs, étranger à la langue, étranger aux mœurs, portait en lui la flamme de l'abolition de l'esprit monarchique. Ce combat l'avait mené sans détour aux côtés de Condorcet et de Brissot après la chute de Louis XV. Il soutenait que la république devait s'imposer et que l'idée monarchique devait s'effacer. « *Le droit de réforme appartient à la nation* » disait-il. Une vérité que, des années plus tard, Jean-Luc Mélenchon fait sienne, lui qui porte en lui ce même désir de rupture : « *Nous vivons dans une monarchie présidentielle.* [...] *Ce régime est celui de la dépossession du peuple.* » Et parfois dans l'écho de ses discours, on entend encore les mots de Paine : « *Lorsque j'examine une absurdité aussi frappante qu'un individu héréditaire, pouvoir exécutif, je puis à peine me permettre de croire que, chez une nation comme la France, avec son profond sentiment de grandeur, de ses droits et de la dignité de l'homme, on puisse rencontrer un animal aussi niais et aussi vil qu'un royaliste.* »[17]

Gracchus Babeuf, quant à lui, est né dans une pauvreté absolue. Il se définissait comme « *tribun du peuple* ». Considéré comme l'un des premiers précurseurs des soulèvements révolutionnaires du prolétariat, son héritage résonne encore aujourd'hui. Pour Rosa Luxemburg, Babeuf était une figure emblématique de la lutte pour l'égalité sociale et la transformation de la société. Son engagement en faveur de la justice sociale le rendait indispensable. Pourtant, dans sa dernière lettre avant l'exécution, Gracchus Babeuf interroge l'échec : « *Mes amis, j'espère que vous vous souviendrez de moi et que vous en parlerez souvent. J'espère que vous croirez que je vous ai tous beaucoup aimés. Je ne concevais pas d'autre manière de vous rendre heureux que par le bonheur commun. J'ai échoué ; je me suis sacrifié ; c'est aussi pour vous que je meurs.* »[18] Gracchus Babeuf s'efface sous la lame le 27 mai 1797. Son rêve d'égalité ne tient plus qu'à une rumeur qui résonne de siècle en siècle. On le croit oublié et pourtant son spectre est toujours là. Après lui, d'autres tribuns s'avancent. Mélenchon par exemple rappelle Jaurès. Mais Jaurès, sans Babeuf, n'a plus son tranchant. Il en reprend la certitude que le peuple doit s'arracher à la misère et s'affirmer pleinement dans son destin. Il faut convaincre plutôt que conspirer. Mais parfois, dans l'émotion d'une place comble, Babeuf revient.

Une promesse révolutionnaire

Peut-on changer l'histoire quand la révolution reste à l'état d'une promesse ? Dans *Faites mieux*[19], lorsque Jean-Luc Mélenchon qualifie le mouvement des Gilets jaunes de « *plus long conflit social de notre histoire depuis soixante ans* » et de « *la plus forte déflagration de révolte urbaine depuis la Libération* », il fait une distinction concernant la nature des mobilisations. Mai 1968, bien que massif en termes de grèves et de manifestations, avec 8 millions de grévistes à son apogée, relève donc d'un autre registre ? Ces mots, on les sent lourds de mémoire et de colère. Derrière cette évocation, toujours la même idée : l'insurrection populaire. Elle revient, obstinée, comme promesse de bouleversement. Ici encore, un *déjà-vu* : les mêmes forces, les mêmes oppresseurs. Mélenchon englobe tout cela sous un même nom : l'Empire. Une figure qu'il avait déjà invoquée lors d'un meeting à Lille en 2018 : « *L'ennemi a frappé. Cet ennemi, il a une adresse : les États-Unis d'Amérique.* » L'Empire, par sa présence diffuse, a dépassé la question des territoires ou des frontières. Le philosophe Tony Negri et l'universitaire Michael Hardt[20] l'ont ainsi comparé à une force qui étend ses tentacules bien au-delà des nations. Negri rappelle que « *la lutte des classes n'est pas une promenade de santé* ». Cette bataille est loin d'être légère. Jean-Luc Mélenchon renchérit : « *Les Insoumis ont l'intention de changer l'histoire du monde, en commençant par celle de leur propre pays. L'expérience de la grande Révolution de 1789 a montré que c'était possible.* » Un objectif immense, digne des hommes providentiels. Lui, il « *écrit comme un tribun du peuple* » et il le fait sans détour. Je remarque comment, dans sa stratégie, son « *ethos* se construit discursivement et extra-discursivement ». Dans *La Rhétorique,* Aristote montre que *l'ethos,* le *logos* et le *pathos* sont les moyens de persuasion par excellence. C'est l'image de l'orateur, la crédibilité qu'il inspire à son auditoire à travers son autorité morale. Le *logos* concerne les arguments jugés rationnels, ceux qui parlent à la logique et à la raison. Quant au *pathos,* il désigne les moyens par lesquels l'orateur touche les émotions de son auditoire.

Certes, la gauche française n'a pas disparu, contrairement à d'autres pays où elle a été reléguée, quasiment anéantie sur l'échiquier politique. Mais peut-on dire que le pouvoir réside encore dans l'opposition ? Ou bien s'agit-il d'un « révolutionnaire sans révolution », un homme qui porte la promesse d'un bouleversement sans en voir l'aboutissement ? Mélenchon lui-même l'a reconnu, quand il entend la révolution comme « *un processus qui se construit* ». Et dans son livre *L'Heure du peuple*[21], il insiste sur la nécessité d'un travail méthodique, d'une accumulation des forces. Ce travail exige du temps, de la constance, surtout une capacité à fédérer. Or, l'éparpillement des luttes sociales, la fragmentation des colères populaires et la montée des populismes compliquent cet effort. À ce temps il se disait dégoûté du règne « *glauque de François Hollande* » qui a accéléré la « *grande régression décrite par Jacques Généreux* ». Mélenchon laisse entendre que la rupture est une force latente et qu'il faut se préparer : « *Il faut donc repérer les points d'appui… les occasions viendront de porter plus loin que jamais notre projet dans l'histoire.* »[22] Mais je comprends alors que cette force ne suffit pas. La promesse de bouleversement exige une architecture. Un souffle seul, aussi violent soit-il, ne renverse pas les murs. Je comprends que pour Jean-Luc Mélenchon la révolution est un lent mouvement tectonique, un déplacement des plaques du monde.

2

Le leader

« Je suis le mieux placé pour rassembler la gauche » : narcissisme et pouvoir

Les personnages politiques, par nature, se révèlent profondément narcissiques[1]. L'ensemble du monde politique se nourrit de cette dynamique, car l'exposition et la quête de reconnaissance en sont des moteurs essentiels. Jean-Luc Mélenchon ne fait pas exception ; il s'inscrit dans la lignée des figures qui ont façonné le champ politique.

Mais pourquoi donc les personnalités narcissiques sont-elles irrémédiablement attirées par le pouvoir ? Est-ce la quête d'une reconnaissance qui les pousse, ou plutôt le besoin d'être adorées ? À son époque, Freud soutenait que les narcissiques avaient la capacité de soulever les foules. Aujourd'hui, ce trait se manifeste également par la certitude de « mériter d'être là ». J'ai l'impression que, dans le reflet tendu par les médias, leur posture devient autre et frôle l'irréel. Pour le narcissique, l'intérêt personnel prime souvent sur le bien commun. Ce mythe désigne donc l'amour porté à l'image de soi-même. Contrairement aux psychopathes, indifférents au regard d'autrui, les narcissiques cherchent la validation. En politique, ce besoin est perçu comme une arme. Ils parlent pour être applaudis, pour susciter l'admiration.

Par définition, le narcissique peine à créer de l'empathie. Et pourtant, les bases de la démocratie reposent sur les échanges interpersonnels qu'elle demande. Dans tous les pays à tradition démocratique, des mouvements qualifiés de populistes émergent depuis quelque temps. Ils sont généralement hostiles aux partis traditionnels et à l'autorité, avec des prises de position plutôt radicales. Ces mouvements exploitent la frustration par des réponses rapides et faciles. Leurs leaders apparaissent comme des sauveurs. Il est difficile de pouvoir séparer le populisme du narcissisme. Dans *La Culture du narcissisme*, Christopher Lasch analyse l'évolution des symptômes psychologiques en lien avec les transformations sociales modernes. Aux premiers stades du capitalisme, caractérisés par la répression sexuelle et la valorisation de l'effort et du profit, a succédé une époque marquée par la bureaucratisation, les idéologies thérapeutiques et le culte de la consommation : « *Tous, tant que nous sommes, acteurs et spectateurs vivons entourés de miroirs ; en eux, nous cherchons à nous rassurer sur notre pouvoir de captiver ou d'impressionner les autres, tout en demeurant à l'affût des imperfections qui pourraient nuire à l'apparence que nous voulons donner.* »[2] Ces mutations des modes de vie tendent à faire émerger des traits narcissiques latents en chacun, qui apparaissent, selon Lasch, comme des mécanismes de défense. Le narcissisme ne repose pas sur un amour véritable de soi, mais sur une stratégie de résistance aux pulsions agressives, plus proche d'une profonde insatisfaction que d'une réelle admiration de soi.

Dans l'ère des nouveaux médias, marquée par l'immédiateté et le *diktat* de la visibilité, où « pour exister il faut être vu », le narcissisme ne peut, à mon sens, être dissocié de ce contexte. Le narcissisme d'aujourd'hui semble se construire sur des bases plus fragiles, sans cesse exposé à l'approbation ou au rejet instantané. Ce narcissisme nourri d'une validation éphémère est perpétuellement en quête de renforcement. Cette mise en scène démontre la précarité d'un ego menacé de se voir déchu. Dans ce contexte, les narcissiques exploitent les médias pour construire leur image, pour transformer leur besoin de reconnaissance en une influence sociopolitique. Cette quête de visibilité se fait coûte que coûte.

Ce phénomène rappelle le fonctionnement des sectes quand des gourous parviennent à fédérer des armées de « fidèles ». On retrouve cette attraction dans une dynamique psychique profondément régressive : un retour à un stade infantile dominé par les figures parentales. Aux États-Unis, Donald Trump en est un exemple emblématique : un narcissisme poussé à l'extrême, une absence manifeste d'empathie et une perception du réel réinventée à sa mesure. Il semble tout droit sorti des pages de Peter Sloterdijk. Dans *Colère et Temps*[3], Sloterdijk décrit les partis et mouvements politiques comme de véritables « *banques mondiales de la vengeance* », une métaphore qui pourrait trouver une résonance dans le projet politique de Trump.

Je me demande s'il faut, surtout après les récents événements au sein de La France insoumise, voir en Jean-Luc Mélenchon le narcissisme calculateur d'un Frank Underwood[4] ou celui, élitiste et exigeant, d'une Miranda Priestly[5]. D'un côté, à l'image d'un Underwood, guidé par une stratégie presque machiavélique, il utilise l'art des alliances, des coups d'éclat. De l'autre, à la manière de Priestly, il impose son charisme et sa vision intellectuelle, une exigence tant envers les autres qu'envers lui-même. Dans un cas comme dans l'autre, les personnalités narcissiques sont toujours poussées par un besoin de reconnaissance, comme l'analyse le psychanalyste américain Otto Kernberg : « *Beaucoup de ces personnalités se retrouvent dans des situations hiérarchiquement élevées, car elles offrent généralement de nombreuses possibilités de satisfaction des besoins narcissiques.* »[6]

On sait, comme l'explique Freud, que les pulsions du Moi et les souhaits libidinaux ne peuvent pas encore être totalement départagés. Il poursuit en affirmant que l'organisation narcissique ne sera plus jamais complètement abandonnée. L'être humain est, dans une certaine mesure, narcissique. N'oublions pas que Narcisse meurt de cette passion pour lui-même. Le sujet politique, comme le sujet freudien, est divisé, écartelé entre son discours public et ses motivations inavouées. Le désir de reconnaissance, celui de l'amour ou de la domination, émerge à travers la maîtrise de soi. Faute à cet amour exacerbé ? Chez Mélenchon, si un narcissisme existe, il n'est pas forcément problématique en soi.

Le 23 septembre 2021, BFMTV annonce un débat entre Jean-Luc Mélenchon et Éric Zemmour sur son plateau. Mélenchon, contrairement aux autres politiciens, accepte le défi. À l'antenne, sa posture ne passe pas inaperçue. Son corps est droit, tendu, presque rigide, son regard sérieux, fixe, absorbé par la caméra. Il est le grand « Autre lacanien ».

Son regard direct est une mise en scène. Il veut toute l'attention sur lui. *« À mes yeux, vous êtes un danger. »* Il ne débat pas. Zemmour est une menace, rien d'autre. Pas d'échange, pas de dialogue. Une polarité se crée. L'autre est donc une menace, un péril. L'invective remplace la parole. Mélenchon prend des notes. Un geste déjà vu. Berlusconi, Hollande ou Sarkozy l'ont fait avant lui. Il s'affiche sérieux, réfléchi, homme d'État. L'autre n'est plus qu'un spectacle verbal, « *fous* », « *chaos* », dit-il pour décrire la situation politique. Mélenchon est-il capable de transcender ses besoins personnels pour se concentrer sur le bien commun ? Ou ses actions sont-elles dictées par une quête de reconnaissance ?

C'est dans cette capacité à maîtriser son ego que se joue, peut-être, la qualité du leader politique.

Le Moi et la grandeur

Lorsque Jean-Luc Mélenchon a prononcé la désormais célèbre phrase « *La République, c'est moi* », un écho s'est aussitôt levé, me renvoyant à Rimbaud, puis, en un même élan, à Rousseau. L'un, dans un éclat poétique destiné à Georges Izambard, devenu manifeste, affirmait : « *Je est un autre.* »[7] L'autre, dans *Les Confessions*, se laissait aller à une vérité, semblant presque anticiper ce qui allait suivre : « *Je suis autre.* »[8] J'avais déjà exploré Rimbaud et Rousseau lors de mes travaux de thèse, sondé leurs énoncés à la lumière de la poésie, de la littérature, voire de la psychanalyse. Mais cette symbolisation appliquée au politique, ce glissement du poétique vers l'arène publique, je ne l'avais pas encore tenté. Et Mélenchon dans tout ça ? Ce lien qui unit la proclamation d'un homme politique contemporain à la confession du philosophe et la fulgurance du poète ouvre une autre possibilité : celle d'une volonté de dépassement du Moi, de fusion du singulier avec une entité plus vaste, qu'elle soit la République, l'Autre ou l'universel. Mais il y a du politique chez Rimbaud, car il est aussi le poète des barricades : « *… c'est l'idée qui me retient quand les colères folles me poussent vers la bataille de Paris, – où tant de travailleurs meurent pourtant encore tandis que je vous écris ! Travailler maintenant, jamais, jamais ; je suis en grève.* »[9] Ces trois déclarations, qui ont mûri dans des horizons différents, se répondent, s'appellent, se répètent en écho, chacune une variation sur l'identité, une tentative d'embrasser ce qui, du sujet, échappe toujours. De la proclamation politique de Mélenchon, en passant par la fulgurance poétique de Rimbaud et l'introspection de Rousseau, se dessine un chemin du « Je » au « Moi », un chemin que, depuis Freud jusqu'aux penseurs contemporains, la psychanalyse a cherché à déconstruire.

Ainsi, de ce « Je » se déploie un désir privé dans l'espace commun, comme le souligne le sociologue américain Harold Dwight Lasswell. Dans ses travaux sur le politique et la personnalité, il définit l'homme politique « *comme un individu fortement orienté vers le pouvoir, car il est caractérisé par un désir intense et inassouvi de déférence. Ces désirs, accentués et restés insatisfaits dans le cercle privé, sont transférés sur des objets publics (personnes et activités liées au processus politique). C'est dans cette dynamique de transfert que des "rejetons autoritaires" peuvent se dissimuler, prenant racine dans les échecs du passé*[10] ». Dans ce contexte, l'intime déborde. Au long de ce passage du privé au public, les failles d'hier façonnent les ambitions de demain. C'est dans cette vision que s'inscrit l'analyse de Thomas Guénolé, qui écrit : « *Il faut croire qu'en ce qui concerne la dangerosité d'une gauche autoritaire, les grandes leçons politiques du XXe siècle n'ont pas été retenues en ce début de XXIe siècle.* »[11] Son analyse est pertinente, car elle rappelle les crimes des partis communistes : violations des droits de l'homme, purges, suppression des libertés.

J'écris, façonné par les Lumières, marqué d'un certain gaullisme, et je vois l'inquiétude monter en Europe sous la poussée des extrêmes. Ce phénomène s'apparente au retour du « refoulé collectif », quand un vide est comblé par des figures autoritaires qui promettent la restauration d'un ordre stable. « L'objet perdu » serait cette idée d'une Europe « authentique », que l'on cherche désespérément à retrouver à travers le rejet de l'autre. La tâche est donc considérable et délicate. Pour Freud, une civilisation qui ne serait pas répressive est tout simplement impossible. Marcuse, critique vis-à-vis de cette position, se demande s'il peut exister un dépassement de cette répression, notamment si la société évolue vers un système où les besoins humains deviennent la priorité face à l'accumulation de capital.

Pourtant, la question posée par Marcuse reste suspendue à mi-chemin entre la théorie et la réalité. Car en octobre 2018, un événement vient en raviver l'écho : le siège de La France insoumise est perquisitionné. L'immunité de Jean-Luc Mélenchon ne suffit pas à entraver l'article 26 de la Constitution, qui permet une intervention sous autorisation judiciaire. Considérant cela comme une atteinte, il s'oppose violemment. Il lance : *« Enfoncez-moi cette porte, on va voir si on m'empêche de rentrer dans mon local. »* Puis vient le célèbre : *« La République, c'est moi. »* La perquisition se fait sous l'autorité du droit mais, pour Mélenchon, elle dépasse la simple procédure judiciaire. Il voit un acte politique, une tactique associée à ce que l'on appelle le « *lawfare* », l'usage du droit comme une arme pour affaiblir un adversaire. Les critiques affluent. L'opération menée sous l'œil des caméras est perçue par une partie de l'opinion comme une mise en scène visant à décrédibiliser l'opposition.

« La République, c'est moi. » Une formule qui dépasse l'institution, la devance. Ici, le chef ne se contente pas de représenter la nation : il s'y confond. L'autorité glisse alors vers le personnel presque, dirais-je, monarchique. C'est une déclaration où émerge le phallus symbolique. Mélenchon se revendique comme détenteur d'un pouvoir qui existe au-delà du cadre institutionnel. Il revendique directement la position phallique, celle du « père symbolique », celui qui impose la loi.

Il refuse la castration symbolique, c'est-à-dire d'être soumis à l'autorité de la République. Dans cette scène, il réitère : « *Monsieur, ne me touchez pas.* » Une phrase qui en elle-même, pourrait effectivement résumer l'homme politique : « *Ne me* touchez *pas ! Vous n'avez pas le* droit *de me* toucher *!* Personne *ne me* touche, *ma* personne *est* sacrée. *Je suis* parlementaire. *Pour vous en* convaincre… *C'est moi* Mélenchon *avec mon* écharpe tricolore… » Elle semble condenser un refus de soumission, une défense farouche de son intégrité et de son espace symbolique. L'expression « ne me touchez pas » suggère un interdit qui rappelle le célèbre « *Noli me tangere* ». La parole du Christ ressuscité à Marie-Madeleine, présente dans l'Évangile de Jean, marque la limite du divin et de l'humain. Chez Mélenchon, cette phrase semble se référer à la crainte de la « violation ». Il se place dans une posture de pureté intouchable, d'une autorité qui ne peut être défiée ni approchée. Plus qu'une simple défense physique, le geste est le symbole d'un pouvoir qui se veut absolu et préservé de toute atteinte, à l'instar du corps sacré du Christ. Cette sacralité se révèle également dans le langage. Lorsque la journaliste Véronique Gaurel tente d'interroger Mélenchon sur une prétendue « décadence de la République » concernant Marine Le Pen et François Fillon, il répond, visiblement agacé : « *Vous ne savez pas de quoi vous parlez. Vous dites n'importe quoi. Quelqu'un a une question formulée en français et un peu plus compréhensible ? Car moi, votre niveau me dépasse, je n'y comprends rien.* » Cette remarque semble vouloir exclure l'autre du champ de la légitimité discursive, évoquer une sorte de *Noli me tangere* verbal. Comme si l'espace symbolique de Mélenchon, son Moi sacralisé, ne pouvait être touché par une parole qu'il juge « *indigne* ». Le rejet de l'accent de la journaliste et de la question, est ici une manière de préserver une distance et d'interdire toute atteinte à ce qu'il considère comme son autorité.

On se souvient aussi de l'interview d'un jeune étudiant en journalisme quand Mélenchon, répondant à une question qu'il jugeait déplacée, avait lâché : *« Dignitas et Gravitas… vos sujets de merde, vous allez les poser à des gens qui répondront à de la merde. Tu fermes ta petite bouche. »* Pour conclure d'une réplique : *« Vous trouvez digne… de parler à un homme comme moi ? »* On perçoit une défense du sacré, comme un roi réclamant que l'on respecte la hiérarchie symbolique. Le *Ne me touchez pas* du Christ ressuscité devient ici : « Ne m'adressez pas des questions indignes… » Alfred Adler écrit à ce propos que *« l'accentuation du pouvoir doit être interprétée comme une réaction compensatoire à une faible estime de soi (surtout lorsqu'elle coexiste avec une haute estime de soi) ; et cette réaction se produit lorsque les désirs inassouvis peuvent être transférés du cercle privé vers des objets publics*[12] ».

Il y a ce doute récurrent qui flotte, qui revient, qui pose question. Qui est le véritable ennemi politique de Jean-Luc Mélenchon ? Est-ce l'extrême droite, Le Pen, ou bien le président Macron ? Traditionnellement, la majorité des hommes politiques français ont désigné l'extrême droite comme l'ennemi juré de tous les partis républicains, du moins en apparence. Cependant, si l'on s'attarde sur les discours de Mélenchon, ainsi que sur son admiration pour des figures extrêmes comme l'ancien président du Venezuela Hugo Chávez, ou le président Nicolás Maduro, Fidel Castro, ou encore sur ses positions ambiguës concernant l'annexion de la Crimée ou l'occupation du Tibet, une réponse semble émerger. Mélenchon ne mène pas un combat classique contre un adversaire idéologique situé à l'opposé de son champ politique, mais bien contre le pouvoir en place. Son affrontement principal n'est pas dirigé contre l'extrême droite, mais contre les structures de pouvoir institutionnalisées qu'il perçoit comme oppressives et illégitimes. Cette dynamique dévoile un rapport à l'extrême qui s'éloigne des clivages traditionnels où l'ennemi n'est plus une idéologie mais l'autorité elle-même. L'autorité comme « contrôle », comme le « biopouvoir » cher à Foucault. Mais il renvoie également au « souverain » qui « est à la fois à l'intérieur et à l'extérieur du système ». Si Mélenchon s'oppose au pouvoir en place, il semble, paradoxalement, s'identifier aux leaders autoritaires qu'il admire (Chávez, Maduro). Cette identification au « père autoritaire » montre une fascination pour la figure paternelle toute-puissante. Il faut donc rappeler Erich Fromm, qui en observant la crise de la figure du père libéral, voit dans cet affaiblissement de l'autorité paternelle l'origine d'un relâchement des normes et l'émergence d'un attrait pour les autorités collectives, un terreau fertile pour la montée des totalitarismes.

La crise de la paternité libérale, que Fromm interprète comme « *l'érosion des repères moraux individuels*[13] », pousse les individus à chercher refuge dans des structures autoritaires, qui ont pour but de combler le vide laissé par la figure paternelle. Theodor Adorno approfondit cette analyse[14]. Il établit un lien direct entre cette quête d'autorité et la résolution sadomasochiste du conflit œdipien. Incapable de réconcilier ses désirs inconscients avec l'autorité paternelle, le sujet se tourne vers des systèmes de pouvoir autoritaires où la résolution œdipienne reste inachevée.

Le sacre, ici, est autant politique qu'existentiel. Et comme tout sacre, il porte en lui la promesse d'un dépassement et peut-être aussi la fragilité d'une construction bâtie sur les tensions que l'Histoire, implacable, finit toujours par dénouer. Où finit l'homme et où commence le symbole ?

Jeu des postures et art oratoire d'un « maître à parler »

La maîtrise de la langue et de l'art oratoire permet à Mélenchon de s'adapter avec une aisance naturelle à différents contextes. Il est capable d'adapter sa posture selon les situations. Rappelons que la posture est « une façon d'occuper une position » : *« Au sens premier, le terme "posture" renvoie à la réalité du corps : une posture est une attitude, une façon de se tenir, de placer son corps, ses membres (se tenir debout, penché, raide, détendu, etc.). Mais ce sens initial est très immédiatement lié à la situation dans laquelle s'opère cette prise d'attitude.* »[15] La posture est aussi « *un mode de comportement qui peut varier selon les situations*[16] ». La posture de Mélenchon se distingue non seulement par son charisme, mais aussi par sa capacité à moduler les discours, le registre, et à démontrer une grande maîtrise linguistique. Historiquement, l'art de l'éloquence, qui s'inscrit dans la tradition de la rhétorique, était lié à l'aptitude à bien dire et à convaincre. Aristote définit la rhétorique comme l'étude des procédés et des structures fondamentales capables de convaincre les interlocuteurs. Mélenchon, héritier de cette tradition, excelle dans l'art de captiver son auditoire, tant par ses paroles que par son langage corporel. La mimique en renforce le contenu et contribue à leur donner un style personnel. Elle agit comme un prolongement des mots. Il rappelle, en cela, l'*ars dicendi* de la Rome antique, où l'art de la parole se mêlait à celui du geste, créant un tout indissociable. Orateur *sui generis*, Mélenchon sait jouer de tous les registres, passant de la citation latine à l'invective populaire.

Comme lui-même le soutient : « *Mon rapport à la langue française est étroitement lié à mon engagement. Le travail sur les mots, sur la langue, est toujours au cœur de mes préparatifs de combat politique.* » Il est intéressant de noter l'usage récurrent de la troisième personne pour désigner l'adversaire, particulièrement en conclusion des discours. Je me souviens d'une phrase que Freud employa à propos du président Wilson : « *L'usage de ses cordes vocales était chez lui indissociable de la pensée.* »[17] Il me semble, en effet, que chez ces deux hommes, l'acte même de « dire » précède toute posture. La parole ne fait que suivre ; l'idée se fixe au moment de son énonciation, sans distance entre le verbe et la pensée.

Jean-Luc Mélenchon n'hésite pas à enrichir ses discours de citations tirées de la littérature. Il évoque des auteurs tels que Victor Hugo, John Steinbeck et Charles Baudelaire. D'ailleurs, comme Guy Debord le soutient, la révolution a pris naissance dans la poésie. Pour Mélenchon, la poésie et la littérature ne sont pas de simples embellissements mais des outils puissants pour exprimer des idées et mobiliser les foules. La langue est un champ de bataille ; sa présence scénique est marquée par une gestualité excessive, notamment dans l'usage de ses mains et de son corps, qui vient souligner l'intensité des propos. Ce jeu de gestes amplifie son discours et renforce l'émotion qu'il souhaite transmettre. Le doigt pointé représente l'accompagnement gestuel par excellence. Mélenchon récupère habilement des éléments historiques pour ancrer ses discours dans une continuité symbolique : « *Si vous éduquiez vos filles comme vous éduquez vos garçons, elles feraient les mêmes choses.* » J'ai été également surpris de le voir s'approprier l'histoire de Christine de Pizan, une figure qui sera plus tard reconnue comme l'une des premières féministes de l'histoire.

La Révolution française, la Commune de Paris, l'Assemblée constituante sont des fantômes qui hantent ses apparitions publiques et dans ce contexte l'accessoire, chez lui, n'est jamais anodin. La cravate rouge rappelle les insurrections ouvrières, le foulard est noué à la manière des républicains espagnols. Ce sont autant de fragments d'histoire qu'il fait revivre le temps d'un discours. Ils font partie d'une « scénographie auctoriale », une forme de mise en scène du pouvoir. José-Luis Diaz souligne que ces scénographies sont à la fois historiques et collectives, des modèles préexistants qu'ils peuvent adopter, adapter, rejeter[18]. Quant à Jean-Luc Mélenchon sans sa cravate rouge, c'est rare. Rarissime même. Je me rappelle qu'en 2017, les députés de LFI ont refusé de la porter dans l'Hémicycle. Le rouge de la cravate évoque sa force expressive, sa verve politique, cette énergie qui l'a toujours distingué. C'est une couleur chargée d'histoire, qui évoque la couleur du sang versé pour l'émancipation. La cravate, par sa couleur et son style, peut ainsi être perçue comme un substitut phallique, exprimant le désir d'un homme d'affirmer une image virile. Le psychanalyste britannique Brett Kahr s'est intéressé à la cravate d'un de ses patients en thérapie de couple. Il a conclu qu'en portant toujours la même cravate, ce client cherchait peut-être à établir une certaine cohérence, une quête d'identité stable au sein d'un environnement instable. En effet, la famille de ce patient déménageait constamment d'une ville à l'autre, ce qui accentuait ce besoin de repères fixes. Les vestes à larges revers évoquent une affirmation de pouvoir et de virilité, tandis que les cravates plus étroites signalent une ouverture et une vulnérabilité accrues : « *Le rétrécissement des centimètres de tissu pourrait également cacher une corrélation phallique, voire sexuelle.* »[19] D'ailleurs, il me semble que la cravate se termine souvent en un V, comme pour marquer symboliquement une direction, celle du sexe masculin.

Tantôt tribun des classes populaires, tantôt intellectuel érudit, Mélenchon varie ses interventions, d'une rhétorique grandiloquente à des expressions plus crues et directes. De l'impératif de ses phrases à la récupération de formules et mots désuets, aux injures. Sa meilleure stratégie relève de l'*argumentum ad hominem*. Il s'agit pour Mélenchon de critiquer directement ses adversaires politiques. Que ce soit des journalistes ou des figures politiques comme Emmanuel Macron, Marine Le Pen ou Jordan Bardella, il ne se prive pas de les attaquer personnellement. Ses invectives relèvent donc de l'*ad hominem*, comme lorsqu'il qualifie certains d'incompétents, de vendus ou de traîtres, sans se focaliser sur la réfutation de leurs idées. On se rappellera à ce sujet : « *un crétin, un bon à rien* » (à propos de Jean-Michel Blanquer) ou encore le « *salopard* » (à propos de Pierre Moscovici). Mélenchon a besoin de cibler plusieurs ennemis car c'est à partir de l'Autre qu'il construit sa stratégie. Juste à titre d'exemple, dans *L'Iliade*, l'insulte ouvre et clôt le récit, « *par des mots tels qu'ivrogne… regard de chien… cœur de cerf… roi qui dévore ton peuple…* ». Jacques-Alain Miller reprend l'idée de Lacan selon laquelle l'insulte constitue à la fois le point de départ et le point final d'un dialogue[20]. Je me souviens, pendant mes études de sociologie à Rome, d'un cours sur la psychologie de la communication appliquée à la rhétorique politique. Comment ne pas rappeler ces leaders qui ont hypnotisé des foules entières ? Mussolini, Hitler, Staline, sont des exemples frappants de la parole devenue arme et dont les archives vidéo témoignent encore. Tous les trois appartenaient à la génération de politiciens ayant grandi avec le cinéma. Charlie Chaplin, après avoir analysé Adolf Hitler dans les films de propagande, affirmait que le dictateur allemand était « *l'un des plus grands acteurs que je n'aie jamais vus* ». Mussolini, alors leader du Parti national fasciste (PNF), séduisait les foules par la force de son discours. Sa gestuelle posturale fut souvent imitée et reprise par d'autres leaders : la main posée sur la hanche, la paume tournée vers le haut, le menton levé pour afficher la fierté. Dans la dynamique de son livre *Psychologie des foules,* Gustave Lebon nous rappelle : « *Si une affirmation est faite de manière autoritaire, elle est acceptée en raison du ton de la voix ou du geste théâtral qui l'accompagne, même en l'absence d'arguments ou de preuves logiques. Elles sont alors perçues comme des vérités évidentes.* »[21]

Dans un sens large et théorique, la notion de « pathocratie » me vient à l'esprit. Ce concept proposé par le psychologue polonais Andrew Lobaczewski[22] désigne la prise de pouvoir par des personnes atteintes de troubles mentaux. Non pas des visionnaires, mais des êtres froids, calculateurs, souvent psychopathes. Le XXe siècle marque un tournant historique pour cette pathocratie devenue symbole « toxique » d'une unité nationale prétendument florissante : Franco, Mussolini, Hitler, Staline, Lénine, Mao. Tous sont l'expression de ce règne où la propagande dicte l'agenda du pouvoir, et où les traits psychopathiques se radicalisent jusqu'à l'extrême.

En 1921, Freud fait paraître *Massenpsychologie und Ich-Analyse*, dont la traduction française sera publiée en 1924 sous le titre *Psychologie collective et analyse du moi*[23]. Il décrit le sentiment de proximité de la foule comme un exemple de la projection de l'Idéal du Moi des membres sur le leader. L'identification réciproque entre les membres d'une foule crée un sentiment d'appartenance tout en réduisant le fonctionnement individuel du Moi. Ce dernier devient alors une partie d'une masse homogène et indifférenciée. La psychologie des masses met en lumière le phénomène du narcissisme collectif. Ce processus d'identification constitue un risque : la longévité d'un parti, voire son existence même, dépend de la capacité à dissocier le leader de son projet politique. Si cette séparation n'est pas suffisamment mûre, le parti est voué à l'échec.

La punchline comme outil de persuasion

De l'éloquence classique des tribuns à la violence assumée de l'invective, le pouvoir commence souvent par la parole. Avant même de passer à l'action il y a les mots. Et quelquefois ce sont des mots qui séparent et qui rassemblent.

Puis il y a la punchline. Empruntée de l'anglais *punch line* qui signifie « chute », elle est souvent utilisée pour clore un discours. C'est une phrase qui, en quelques mots seulement, a le pouvoir de sidérer par sa puissance. « *Qu'ils chantent, pourvu qu'ils paient* », lançait le cardinal Mazarin, répondant aux rumeurs qui couraient sur ses faveurs auprès de la reine. Souvent utilisée dans les médias pour marquer une réplique qui clôture un discours, la punchline existe depuis des siècles. Elle est l'arme de ceux qui possèdent l'art du dire, de ceux qui savent percuter quand il faut : « *What else ?* » nous lance George Clooney d'un ton faussement désinvolte, et soudain le banal évolue en emblématique. La punchline ne relève pas du hasard ; elle témoigne d'une efficacité rhétorique qui traverse les âges. Car la punchline est une agression civilisée ; elle autorise l'hostilité à se fixer dans un éclat de parole. C'est l'art de rendre l'inacceptable recevable : *« Pas ces gens qui donnent des ordres, la mine superbe. »*

De Mazarin à Mélenchon, de la cour royale à la scène politique contemporaine, jusqu'au marketing, elle persiste comme une manière de dominer l'espace verbal. Une punchline bien construite agit comme un déclencheur ; elle crée un effet de surprise. Elle est une gifle qui ne laisse pas de trace sur la peau mais qui marque les esprits : « *On pourrait par exemple engager des gens à vous donner des gifles. Ça aussi ça crée de l'emploi* », lâche Mélenchon à une journaliste, et soudain le verbe prend les atours de la provocation. Elle expose le discours dans sa dimension pulsionnelle mais qui pourrait révéler une tension bien plus latente : *« Vous devez en plus vous occuper de la Le Pen. Bon, la fille ! Avant c'était le père, un jour il y aura la petite-fille… C'est comme les mouches, on vit avec ! »* Elle est l'écho des batailles, la dernière note d'un solo qui sidère. La punchline, dans sa viralité, fait de la langue une arme qu'on admire pour sa beauté autant que pour sa violence. Elle se rapproche par sa nature de ce que Pierre Bourdieu désigne comme « capital symbolique ». Elle confère au locuteur un pouvoir instantané, une forme de légitimité éphémère qui marque les esprits. Lorsqu'on inscrit le combat politique dans une « esthétique du choc », on assiste à une spectaculaire transformation du politique : plus synonyme de séduction que d'autorité.

20 mars 2022, place de la République

Cent mille personnes se rassemblent pour écouter Jean-Luc Mélenchon. « *Encore une fois, vous avez répondu à notre idéal commun* », déclare-t-il. Les rues de Paris résonnent de cet écho. Il redonne espoir à ceux qui se sentent isolés. Il se présente comme le porte-parole de l'intérêt général, « en marchant » sur une rhétorique qui se veut universelle. On connaît Jean-Luc Mélenchon. Le ton de son discours, quasi prophétique, le place comme un défenseur de la justice sociale. Il propose une vision qui s'inscrit dans une dynamique historique avec la promesse d'un avenir différent. C'est un maître d'orchestre qui module son discours, qui donne *le tempo* et son souffle. À travers des formules comme « *Votez, votons* », il mobilise ses partisans en les incitant à l'action. En s'en prenant aux « *riches* », qu'il qualifie de « *bons à rien* », de « *parasites* », de « *fainéants* », Mélenchon développe un discours de répartition des richesses. La foule, réunie ce jour place de la République, assiste à une performance qui n'est pas sans rappeler les limites d'un système dont la persuasion passe par l'instantané, et les formules savantes cherchent à combler une attente souvent déçue. Son « agir » ne rappelle-t-il pas, du moins sur le plan esthétique et communicationnel, Sarkozy ou Berlusconi ? La présidentialisation, la médiatisation et le spectaculaire de la politique sont des marqueurs essentiels que l'on retrouve dans l'*ethos* et la posture de ces trois hommes politiques. La structure de l'action politique repose sur ce triptyque. Il est à son tour centré sur la capacité à mobiliser les affects, cristalliser les tensions sociales, projeter une vision de pouvoir qui est en adéquation avec les attentes du peuple.

Un précédent dans l'art oratoire : Valéry Giscard d'Estaing

Il existe entre Jean-Luc Mélenchon et Valéry Giscard d'Estaing un parallèle dans leur usage de la communication. Si Giscard, président de la République de 1974 à 1981, s'applique à humaniser et moderniser l'image présidentielle, Mélenchon s'approprie une dramaturgie constante. L'un comme l'autre dépasse le cadre politique car ce qui est important, c'est la réception de symboles. Giscard puise dans la modernité de son temps à travers des choix et des gestes, Mélenchon joue sur un va-et-vient, sur les résonances du passé et sur un futur saturé d'images. S'éloignant de l'austérité gaullienne, Giscard cherche à imposer un style singulier en rapprochant la présidence des citoyens. Il gravit les Champs-Élysées à pied, contrairement au protocole institutionnel, et multiplie des gestes qui se veulent simples : partager des repas avec des familles anonymes, inviter les éboueurs à l'Élysée pour un petit-déjeuner, se montrer au volant de sa voiture ou en maillot de bain. Mélenchon, quant à lui, convoque des figures révolutionnaires pour nourrir son imaginaire politique. L'un dans une France qui croyait encore à la modernité, l'autre dans un monde saturé de simulacres, mais avec une même obsession : devenir le symbole qu'on retiendra. Le départ de Giscard en 1981 est une mise en scène en soi. Lors de sa dernière allocution télévisée, il termine d'un sobre « au revoir[24] » avant de laisser à l'écran l'image d'une chaise vide. Il marque son absence pour prolonger sa présence. Giscard et Mélenchon savent que le pouvoir n'est rien sans le théâtre. Alors ils jouent. Est-ce cela le pouvoir, au bout du compte, savoir durer, comme une présence qui résiste au silence ?

Malentendu ou malentendant ?

Il y a des silences qui forgent une vie, qui dessinent une identité. Quand Jean-Luc Mélenchon parle de son déficit auditif, il dévoile une part de lui-même rarement explorée ; celle d'un homme dont la perception du monde a toujours été filtrée voire réinventée. Ce malentendu, au sens propre comme au figuré, ne limite pas seulement son écoute, mais la transforme en un acte de recréation.

En février 2015, lors de son passage dans l'émission « Le divan » de Marc-Olivier Fogiel, Jean-Luc Mélenchon évoque une dimension intime rarement abordée dans les médias : *« J'entends mal depuis toujours. »* Une révélation qui remonte à un héritage familial non détecté : *« À l'époque, on ne dépistait pas cela comme maintenant. »* Ce déficit auditif, transmis « de père en fils », est présenté à la fois comme un obstacle et comme une source d'enseignements, car, dit-il, « *comme tous les handicaps, cela comporte de très grands avantages* ». Voici un élément clé, parmi d'autres, pouvant nous aider à comprendre la manière dont sa perception du monde a pu forger son caractère : « *Vous, vous voyez les gens arriver, vous les entendez. Moi, non. Je les découvre quand ils sont sur moi. Si bien que souvent, je le vis comme une agression, le temps de réagir* », raconte-t-il. Malentendant, donc. Un terme qui, par son jeu phonétique, renvoie non seulement au « mal », mais également au « mâle », l'homme dans sa dimension symbolique et physique. Ce « mal » peut être perçu comme le fardeau de l'homme, ce qui est « mal vécu »,

« mal-entendu » ou « mâle entendu », par lui-même. Puis vient « l'entendant », celui qui non seulement entend, mais comprend les deux dimensions du « mal » et du « mâle ». Il en prend la charge, portant leur existence à la conscience. L'entendant est alors celui qui, à partir d'un seul mot, peut reconstituer un sens entier, une phrase, un récit, reliant ces éléments épars à une vérité plus profonde : « *Je peux reconstituer une phrase à partir d'un seul mot entendu. Je peux reconstituer une phrase à partir d'une expression.* » Ce processus de reconstruction éclaire un aspect de sa personnalité. Ce qui, pour d'autres, serait une fragmentation de l'expérience sonore, pour lui, serait un exercice d'imagination et de synthèse. Cela pourrait expliquer, en partie, la force de sa rhétorique et sa capacité à lire entre les lignes, à projeter du sens là où le silence ou le flou auraient pu s'imposer.

Le déficit auditif crée une distance entre lui et l'environnement sonore, ce qui génère une hypervigilance. Ce retard dans la perception de l'autre peut réactiver des angoisses inconscientes liées à l'intrusion, à la perte de maîtrise ou au contrôle de l'environnement. La tonalité et la force de sa voix peuvent être vues comme une réponse à la vulnérabilité liée à la surdité. Ce handicap semble l'avoir amené à une meilleure maîtrise de l'interprétation des signes non-verbaux et à une capacité à reconstruire le sens à partir de fragments perçus.

Le langage dépasse le code, il n'est pas que signifiant, il habite le corps, s'étend dans le vide que creuse le manque. C'est la capacité d'habiter le geste, de lui donner forme dans l'espace du silence, là où l'âme humaine advient, là où le sens se fait par les « signes visuels au moyen des doigts, selon l'alphabet sourd-muet ». La parole, « *ainsi, elle demeure politique* ». La psychanalyste Françoise Gorog explique que la surdité par exemple, est l'une des formes de la castration, cette grande blessure dont la mort est la forme ultime et la vieillesse l'avant-dernière. Le manque habite le corps, le silence des oreilles n'est qu'un autre visage de la coupure, celle qui nous rend humains, qui nous jette à la recherche du sens, à la recherche de l'Autre. Il s'agit de s'approprier ce qui est perdu et de le transformer, car tout langage est cette tentative de dire l'indicible, d'inscrire le manque dans le corps. Cette chose qui d'ordinaire accompagne l'enfant dans la lente maturation de sa parole, dans sa façon de nouer le dialogue avec le monde[25].

La langue des signes vient précisément répondre à cette quête, faisant du silence un espace d'expression et du geste un langage. Elle révèle que le désir de communication dépasse les limites imposées par le corps. La langue des signes française (LSF) montre que la capacité de créer un langage et d'élaborer des formes d'expression est profondément inscrite en chaque être humain, indépendamment des contraintes sensorielles. Elle témoigne d'un élan communicatif qui persiste au-delà des limitations, une pulsion de sens et de lien social qui peut s'exprimer autrement. La LSF ne se contente pas de compenser un manque ; elle œuvre pour réinventer l'expression.

En effet, il me semble que Mélenchon utilise souvent des gestes amples, une gestuelle très prononcée. D'ailleurs on connaît l'importance du langage sur la constitution du Moi. Le déficit auditif pourrait jouer un rôle dans la création d'une identité politique forte et radicale. Se sachant limité par son ouïe, Mélenchon pourrait donc renforcer la réception de son discours et de son image pour contrebalancer cette limitation. Il s'agit, dès lors, d'une nécessité : construire une identité qui s'impose au-delà du simple échange verbal. Ce corps qui s'impose comme outil de médiation entre le leader et la foule, comme pour dire, « *voyez-moi, entendez-moi* ». Le Moi s'étend là où l'écoute rétrécit et la radicalité du personnage se forge dans cet espace vacant. Il s'engage dans un discours qui alimente le conflit et qui radicalise les oppositions. Cela pourrait être perçu comme un acte de sublimation de pulsions destructrices. Ce conflit interne entre l'instinct de vie et de mort se matérialise dans sa posture radicale et par son appel à l'action. Comme un architecte face à un édifice fissuré, Jean-Luc Mélenchon rêve de rebâtir la structure républicaine : une VIe République porteuse d'une nouvelle espérance, éloignée des failles du modèle actuel. Mais il n'est pas le premier à défendre cette vision. Dès 1981, Brice Lalonde, candidat des Écologistes à l'élection présidentielle, inscrit déjà la VIe République dans son programme. Dix ans plus tard, c'est au tour de Simone Veil d'évoquer cette réforme[26].

Pour Mélenchon, la VIe République sera « *la République de l'intervention populaire permanente, de l'harmonie des êtres humains entre eux et avec la nature, des biens communs, des droits nouveaux et de l'égalité réelle* ». Ne serait-ce pas, en effet, une tentative de compenser l'absence par la voix des autres, celles des oubliés, des insoumis, des invisibles ? Ce déficit, invisible mais constant, l'a peut-être confronté très tôt à une forme de décalage, un sentiment de déconnexion avec un monde qui parle souvent trop vite ou trop fort. La VIe République, alors, pourrait-elle être pour lui une réponse à ce ressenti ? Comme si, en imaginant cette nouvelle république, il cherchait à reconstruire un espace politique qui, enfin, s'accorderait au rythme et aux besoins d'une écoute plus profonde. Ou peut-être comme une réparation symbolique du monde qui ne sait plus écouter ses citoyens.

À Paris, un défilé pour la VIe République est organisé le 18 mars 2017, une date hautement symbolique, car elle marque aussi l'anniversaire de la Commune de Paris. Ce jour-là, Jean-Luc Mélenchon, depuis sa tribune, livre son discours. En l'écoutant, on a presque l'impression de retrouver la voix des orateurs d'autrefois : « *Si tant de positions destructrices ont pu être prises sans que nous ayons eu notre mot à dire… Ce temps est révolu… qui ne doit pas tomber dans certaines mains… Il ne peut pas être question… en écoutant ses membres, et en écoutant surtout beaucoup le pays. Il y a urgence à abolir la monarchie présidentielle, je sonne l'alerte. Celle de disposer entièrement de soi. Il y a un nouveau mot d'ordre "dégagez", "oui" pour tout, "oui" pour toujours, "oui" pour combattre les impostures, "oui" pour consoler, "oui" pour secourir…* » Il sonne l'alerte sur le danger d'une monarchie présidentielle, sourde, qui n'écoute pas les autres. Se débarrasser des obstacles symboliques qui entravent son désir. Ici, le « dégagez » est un cri face à une situation intolérable. Mais pour finir, « oui » ça se prononce presque comme « ouïe ». Tout s'éclaire, alors. Le malentendu est une manière d'habiter le monde. Ce déficit, qui pouvait l'enfermer, Mélenchon l'a transformé en force. Ce qu'il n'entend pas, il le recompose ; ce qui lui échappe, il le réinvente. C'est dans cet espace vacant qu'il rêve de bâtir une République. Et moi, je me demande si, au fond, ce qui lui manque le plus n'est pas tant de bien entendre, que d'être véritablement entendu.

Le messager ne porte pas le fardeau

Revenir chez soi est souvent une illusion. Dès que l'on franchit le seuil du départ, on sait que tout a déjà changé. Mais il reste, quelque part, des ancrages, des fragments de chez-soi, comme des lettres d'amour que l'on s'adresse sans le savoir. Dans cette dynamique, Jean-Luc Mélenchon est presque un poète. La fonction du langage lui ouvre l'accès à son propre chez-soi. D'ailleurs, « *l'inconscient est*, selon Lacan, *structuré comme un langage* ». C'est dans cette architecture qu'il habite.

La qualité des réponses de Mélenchon face aux journalistes ne souffre d'aucun défaut, ni dans l'expression, ni dans le choix du registre linguistique. Ainsi, il affirme : « *Notre projet est organiquement lié aux actions de masse. Les meilleures manifestations sont celles où l'on peut venir avec les poussettes et les gamins. Mais ce débat-là n'est pas d'aujourd'hui, il date du XIX*e *siècle. Je vous renvoie à Jaurès.* » Chaque allusion à la lutte violente semble ainsi soigneusement effacée. Pourtant, il y a un « mais ». Celui-ci réside dans son refus ambigu de condamner la violence lorsqu'elle se dresse contre les géants de l'économie : « *Parce qu'à Air France ou chez les Conti, la violence imposée, c'est celle des actionnaires contre le droit à l'existence des salariés. Il ne faudrait pas l'oublier !* » Il y a dans ses phrases des fragments de souvenirs ; une répétition qui paraît oubliée. Pour reprendre Freud, c'est une compulsion à rejouer ce qui reste enfoui : « *L'analysé ne se rappelle rien de ce qui a été oublié ou refoulé, mais qu'il "agit". Il ne le reproduit pas comme souvenir, mais comme acte, il le réitère… L'analysé ne raconte pas qu'il se souvient avoir été rétif et incrédule face à l'autorité des parents, mais il se comporte de cette* *manière envers le médecin.* »[27] Et Mélenchon, sans jamais nommer le passé, le répète dans la confrontation.

Tandis que le pays était confronté aux violences urbaines de 2023 et que la plupart des partis appelaient au calme, Mélenchon s'adressa aux « *plus jeunes* », en les exhortant « simplement » à préserver « *les écoles, les bibliothèques et les gymnases* ». « *Ce sont les pauvres qui s'insurgent* », affirmait-il. Mélenchon sait que pour changer l'état des choses seul un mouvement populaire radical a la chance d'y parvenir. D'ailleurs il sait, on sait, que dans l'histoire, rares sont les révolutions pacifistes. Selon un sondage du *Point*, 59 % des électeurs de Mélenchon justifient ces violences. La distance qu'il maintient vis-à-vis des condamnations diverses confère à son discours une certaine ambiguïté. Pour le leader des Insoumis, la violence, au lieu de rester le privilège des puissants, devient une ressource pour ceux qui en étaient privés.

Le *JDD*, dans un article publié avant les élections de 2024, titrait : « *Plus il est dénoncé comme un leader violent et manipulateur, plus Mélenchon développe un discours radical.* » Boris Cyrulnik évoque « *l'érotisation des comportements extrémistes, qui s'applique à l'expression du sadisme et de la démonstration de force*[28] ». Le « sadisme symbolique » et l'agressivité verbale deviennent alors des moyens de visibilité, tant à droite qu'à gauche. Ces attitudes peuvent séduire certains individus non pas dans un sens sexuel mais par leur capacité à susciter un attrait émotionnel, voire inconscient.

Mélenchon porte en lui le vieil art des prophètes. Il est celui qui avance avant tout le monde, drapé d'un verbe qui appartient à lui seul ; la cause est plus ancienne, plus vaste que l'homme lui-même, universelle. Mais parfois, dans son rôle, pour mieux rassembler, il semble emprunter le chemin du *dividi et impera*.

Prenons l'exemple des nouvelles formes de parentalité *queer*, qui redéfinissent le cadre du mariage et des structures familiales. Ces nouvelles formations familiales subvertissent cet ordre de l'intérieur, montrant qu'un acte apparemment conservateur peut devenir une force de transformation. Or, dans le discours de Mélenchon, et même dans son entourage, le progressisme semble osciller. Il célèbre le changement mais se méfie de certaines revendications identitaires qu'il juge fragmentaires. En 2017, sur demande de Mélenchon, Jean-Charles Lallemand a dirigé un groupe de travail pour fournir un premier carnet intitulé *Liberté, égalité, droits nouveaux*. Lors d'un entretien avec les journalistes de *Têtu*, interrogé sur la raison pour laquelle « autant de gays sont passés à droite », Lallemand a déclaré : « *Le mariage était une revendication en tant que telle, mais elle renvoie plutôt à des formes conservatrices. Rien n'indique donc que les personnes homos qui se marient soient des progressistes.* »[29] Loin d'être un signe de conservatisme, le choix du mariage est un acte de réappropriation et de transformation des structures sociales existantes : « *Pour concevoir et élever un enfant, une seule configuration semble possible dans nos sociétés occidentales : un homme et une femme, en couple, monogames. Tous les écarts à cette norme sont proscrits, comme le rappellent les critiques incessantes adressées aux familles lesboparentales ou homoparentales, ou les commentaires scandalisés qui s'élèvent dès qu'on évoque les parentalités trans.* »[30]

À titre d'exemple de positions plus réactionnaires que progressistes au sein de LFI, en 2022, Jean-Luc Mélenchon déclarait : « *Oui à la PMA, non à la GPA* », tout en reconnaissant que la gestation pour autrui est déjà accessible aux plus fortunés à l'étranger, mais s'y opposant fermement en France, tout en acceptant la reconnaissance des enfants nés de GPA à l'étranger. Il adopte une fois de plus une position ambivalente. Il soutient certaines réformes perçues comme progressistes, telles que l'accès à la PMA, tout en préservant une partie de l'électorat qui pourrait considérer la GPA comme une transgression du modèle familial traditionnel. Par le rejet de la GPA en France, et par la reconnaissance des enfants nés de GPA à l'étranger, il cherche probablement à concilier deux exigences contradictoires. Il veut éviter de heurter les sensibilités des plus conservateurs sur la question de la famille et afficher une certaine flexibilité en matière de droits de l'enfant. Déjà de nombreuses études montrent également que la GPA se fait aussi dans un but de solidarité et pas forcément économique. Puis sa déclaration, qui semble s'inscrire dans une volonté de protection de la figure maternelle, trouve un reflet inattendu dans la réponse de Marion Maréchal-Le Pen qui, en référence au créateur Jacquemus, lançait : *« Où est la maman ? »* Dans ces deux prises de position, issues de camps idéologiquement opposés, une convergence s'impose car tous les deux semblent défendre l'idée que la GPA, en réduisant la femme à une fonction reproductive, met en danger une certaine conception de la maternité, voire du lien originaire entre la mère et l'enfant. Mélenchon n'aime pas « *l'idée qu'une personne soit un instrument de production* ». Mais je pourrais également supposer qu'il s'accroche implicitement à une conception traditionnelle du lien maternel dans lequel la figure de la mère biologique demeure centrale. Il y a peut-être une difficulté à intégrer pleinement les transformations symboliques apportées par ces nouveaux modèles familiaux, qui redéfinissent l'idée de filiation. Ces derniers bousculent l'idée que l'identité et la filiation doivent passer par un modèle unique dont la mère biologique serait le centre de la triangulation œdipienne. En cela, ces discours montrent une résistance face à la redéfinition des structures symboliques de la famille. Pourtant, l'opinion publique française semble éloignée de ces positions. Les Français n'ont jamais été aussi favorables à la légalisation de la GPA, « qu'elle soit destinée aux couples hétérosexuels (75 %) ou homosexuels (59 %), contre respectivement 60 % et 41 % en 2014 ». Ce décalage entre les prises de position politiques et l'évolution des mentalités montre que la société avance. Je me souviens de la déclaration de Gabriel Attal, quand il avait soutenu la possibilité d'une GPA « éthique ». Mais on sait que la contradiction est une constante chez Mélenchon.

L'épisode de sa présence aux côtés d'Ousmane Sonko, nouveau Premier ministre du Sénégal, illustre cette ambiguïté. Il avait été invité en signe de reconnaissance pour le soutien qu'il avait apporté à Sonko durant son combat politique. Mais comme « on ne peut pas ne pas communiquer », la seule présence de Mélenchon délivre un message clair, sans qu'il ait besoin de prononcer un mot. Ce symbole, puissant en lui-même, a été capté et interprété. Il a mis en avant la « relation singulière » qui unit la France et le Sénégal. Une relation marquée par une langue partagée, la participation des Sénégalais aux « grandes guerres européennes », l'héritage du père fondateur, Léopold Sédar Senghor, premier écrivain noir élu à l'Académie française. Si Mélenchon et Sonko partagent une vision commune sur les relations postcoloniales entre la France et le Sénégal, une dissonance profonde demeure sur des questions sociétales, notamment celle de l'homosexualité et de la polygamie. Au Sénégal, un pays où les homosexuels risquent entre cinq et dix ans d'emprisonnement, un homme supposé homosexuel a été déterré de sa tombe puis brûlé en place publique à Kaolack. Que dirait aujourd'hui Senghor face à un tel acte ? Lui qui fut poète et humaniste, chantre de la négritude, aurait-il toléré ? Entre la préservation des valeurs traditionnelles et la défense des droits humains, où se serait situé l'héritage de Senghor dans ce débat ? C'est dans cette tension que réside l'ambivalence de Mélenchon. C'est la contradiction d'un homme, qui parle pour les sans-voix, mais qui, parfois, se tait face aux dérives de ceux qu'il soutient.

3

La scène politique

Mélenchon, l'Ami du peuple 3.0 ?

Que peut la psychanalyse pour comprendre le langage politique ? Elle ne juge pas, elle observe. Elle éclaire les mécanismes inconscients qui animent les discours et qui poussent au changement. Le mardi 5 avril 2022 se profile comme une journée historique pour La France insoumise. En effet, trois jours avant que la campagne présidentielle se termine, Jean-Luc Mélenchon est le protagoniste d'un grand rassemblement à Lille. Ce 5 avril, l'évènement est retransmis, par des hologrammes, dans d'autres villes françaises. L'image, projetée sur plusieurs écrans, réunit pourtant plus de vingt mille personnes.

Mélenchon, qui a lu « *plus de six cents romans de science-fiction* », justifie ce choix technologique en citant Isaac Asimov[1]. « *C'est en lisant* Fondation et Empire *que m'est venue l'idée de l'hologramme, comme Hari Seldon, le personnage principal.* » Une référence qui, par son ironie, n'échappe pas à l'observateur attentif. Dans l'œuvre d'Asimov, Seldon n'apparaît sous forme d'hologramme qu'après sa mort. Mélenchon se fait ainsi l'ombre vivante d'un autre lui-même, un double presque spectral, un écho du père qui persiste au-delà de sa disparition. Si Mélenchon élabore une stratégie pour contourner les médias traditionnels, l'hologramme en est le symbole. Il est pionnier sur YouTube, diffuse ses discours hors des cadres classiques : Facebook, Twitter, Instagram, Snapchat, Twitch, Telegram. Après le meeting immersif de Nantes, l'hologramme prend la forme d'une arme de séduction, une manière de toucher l'imaginaire collectif. Ces pratiques visent à cimenter des valeurs communes. Pourtant, ce sont toujours les médias *mainstream* qui, habituellement, modèlent l'opinion publique. L'homme nouveau (venu du passé) est désormais composé de *bytes* invisibles, de petites impulsions électriques. Il sculpte son mythe à grande vitesse, projeté par des nouvelles technologies. Ainsi se façonne sa place dans l'histoire politique française comme une image insaisissable mais persistante. On pourrait avoir l'impression que Jean-Luc Mélenchon s'inscrit dans une réplique contemporaine de *Temptation Island*. Dans cette émission, chaque concurrent évolue dans un équilibre instable, pris entre la fidélité à ses valeurs et l'appel incessant des séductions du champ politique. Les studios de télévision, les plateaux de débats, les tribunes publiques, et même les réseaux sociaux constituent ces nouveaux champs de bataille où se joue l'art du pouvoir. Espaces codifiés, ils se tiennent là, pièges habillés de mise en scène. Ils permettent de garder une posture d'authenticité et de « s'ajouster » aux règles spectaculaires du moment. Par exemple, les studios télévisés incitent au raccourci. Dans les meetings et les rassemblements, le discours doit galvaniser, quitte à tendre vers l'excès, et parfois à promettre au-delà du réalisable. Les réseaux sociaux, dont on connaît leur quête de « viralité », amplifient cette tension. Chaque plateforme est alors un endroit pour négocier. Dans ce dispositif invisible mais pervasif, l'homme politique est piégé, soumis au regard d'une opinion qu'il cherche à séduire sans cesse. Dans ce contexte, Mélenchon a intégré dans son action la logique du « *power networking*[2] » théorisé par Manuel Castells. La centralité de l'information, la pénétration des technologies et la logique de réseau imprègnent aujourd'hui toutes les sphères de l'activité humaine. Ces dynamiques façonnent de nouvelles formes de pouvoir que Mélenchon semble utiliser pour renforcer son influence politique. Cet « *espace des flux* » désigne une dimension où pouvoir et interactions sociales circulent librement et structurent désormais la réalité politique et psychique, au-delà des limitations géographiques que l'on connaît. L'hologramme est symboliquement plus qu'un outil. Il est la métaphore d'un pouvoir dématérialisé et fragmenté. C'est le symbole d'une société liquide « changeante et kaléidoscopique ». Il invite à repenser le rapport au politique. Mais cette rupture technologique, si audacieuse soit-elle, a des précédents.

On l'a déjà vu en Italie avec Beppe Grillo et le Mouvement 5 étoiles. Au début de son ascension politique, il a utilisé Internet, les blogs et la WebTV pour contourner les médias *mainstream.* Comme Mélenchon, il s'est adressé à une frange de l'électorat souvent méprisée et oubliée en adoptant la technique de « dire des choses violemment avec la posture du père ». Les deux figures partagent une stratégie de « guérilla médiatique » dont l'objectif est d'occuper l'espace et de saturer le discours public. *« En ce moment, nous sentons notre destin au bout des doigts. Nous pouvons porter la plus incroyable bifurcation politique ! »* Mélenchon y croit. Ce changement est là. L'hologramme n'est pas qu'un outil technologique. Il s'inscrit comme une promesse de renouveau. C'est un appel à dépasser le *statu quo*, à réécrire les règles du jeu politique. Est-il le nouvel « Ami du peuple », intransigeant et déterminé ? À l'instar de Jean-Paul Marat qui, en 1793, appelait les masses à s'insurger au nom de la justice populaire, lui, Jean-Luc Mélenchon, se présente comme le défenseur d'un peuple trahi. Lors d'un meeting, il affirme : *« L'hégémonie politique a un préalable : il faut tout conflictualiser* [...] *pour transformer un peuple révolté en peuple révolutionnaire. »* Comme Marat, il semble convaincu que le passage par le conflit est inévitable ;

que l'injustice pour être renversée doit être mise à nu, afin de transformer un peuple indigné en un peuple acteur de son destin. Sa demande de renonciation du président et du Premier ministre ne se limite pas à un appel à l'alternance, mais se veut exigence de révolution symbolique, reconquête du pouvoir par le peuple et pour le peuple. On perçoit ici une résonance avec la figure de « l'Ami du peuple ». Pour lui, l'Autre n'est pas simplement l'ennemi à abattre, mais plutôt un obstacle à la réinstauration du « Nom-du-Père ». Le peuple est déchiré, il aspire à se libérer de ses chaînes et à rester attaché par un amour ambivalent.

« L'impossible-à-supporter » réside avant tout dans la défaite de la classe ouvrière, ce qui ne cesse d'alimenter une lutte perpétuelle, un combat du tout contre tous. Comme il le dit lui-même : *« Le système n'a pas peur de la gauche, il a peur du peuple. »* Une invective jetée comme une flèche à l'adresse de Macron. Car pour lui, « *il n'y a rien au-dessus du peuple souverain* ». Et c'est dans l'invocation de l'esprit révolutionnaire qu'il trace sa ligne : « *voilà de qui nous sommes les héritiers* ». Encore un saut dans l'histoire puisqu'il renvoie à l'article 3 de la Déclaration de 1789 : « *Le principe de toute Souveraineté réside essentiellement dans la Nation.* »[3] Mélenchon habite ce principe comme une certitude. Et de cet héritage découle aussi l'article 17 de cette même Déclaration, « *car la déclaration fixe un cadre. Lorsqu'arrive à l'ordre du jour de la Convention la question de l'esclavage, les députés vont finir par passer par-dessus bord la notion de propriété en abolissant l'esclavage. C'est bien la preuve que la réaction bourgeoise perd la bataille en 1794*[4] ». Et dans cette vision de l'Histoire, il récupère également Robespierre, celui que l'on a si souvent accusé : « *Ceux qui ont imputé à*

Robespierre la Terreur en ont été en réalité les éléments les plus hallucinés. La journée où Robespierre est exécuté, cent vingt personnes sont guillotinées en même temps. Il n'y a pas le début du commencement d'un procès. »

Son programme, rien que son programme, mais tout son programme

Tout se joue dans la dévotion sans faille au texte, dans cette parole qui ne doit pas vaciller. Lorsque Mélenchon déclare qu'il « *appliquera son programme, rien que son programme, mais tout son programme* », il met en lumière la promesse d'une cohérence « totale ». Elle dévoile la promesse d'une fidélité à un projet qui se veut porteur de sens et d'espoir. Avec la répétition des mots « son programme », il ne fait que réaffirmer une ligne directrice ; il s'impose comme le vecteur d'une identité collective. Une prise de position qui revêt un caractère presque tautologique, mais c'est précisément dans cette redondance que se trouve son pouvoir. Elle crée un effet d'angoisse chez l'Autre, qui va être confronté à une alternative radicale. Mélenchon ne propose pas simplement des réformes ; il appelle à une réévaluation des valeurs qui régissent le collectif. Cette angoisse, dans la lignée des théories freudiennes, se manifeste comme un conflit. Le désir de transformation et la résistance de l'ego des détenteurs du pouvoir s'accrochent à la menace d'une remise en question. Ne rappelle-t-il pas à chacun que la politique ne se résume pas à des choix techniques, mais qu'elle est profondément ancrée dans les désirs, dans les luttes et, pourquoi pas, dans les aspirations d'un peuple en mouvement ?

Depuis son pupitre, ce soir du 7 juillet 2024, Mélenchon relate ses invectives : « *Le président doit s'incliner et admettre cette défaite. Le Premier ministre doit s'en aller.* » Ces mots, prononcés dans une atmosphère chargée de tension, résonnent comme un cri de ralliement pour un peuple en quête de reconnaissance. Je vois en lui un nécessaire rappel de l'importance d'un « environnement suffisamment bon ». « *Le président a le pouvoir, le président a le devoir.* » Dans cet impératif éthique, il y a un lien avec l'angoisse. Le président ne symbolise pas seulement la puissance ; il porte aussi le poids de ses décisions. Le pouvoir et le devoir sont présentés comme deux faces d'une même pièce. Le pouvoir évoque une autorité tandis que le devoir introduit une dimension éthique. Cette dualité entre pouvoir et devoir génère une tension. En effet, un pouvoir sans devoir risque de dériver vers l'arbitraire, un horizon dans lequel l'autorité s'exerce sans responsabilité ni considération pour le bien commun. À l'inverse, un devoir sans pouvoir peut conduire à l'impuissance, où des intentions louables se heurtent à l'absence de moyens d'action. Ainsi, la véritable légitimité du pouvoir réside dans sa capacité à concilier ces deux aspects tout en répondant à l'obligation éthique envers ceux qui sont gouvernés. Refusant par avance toute forme de négociation avec l'ex-majorité présidentielle, Jean-Luc Mélenchon affirme, avec une emphase presque solennelle, que la coalition de gauche arrivée en tête avec 182 sièges, « *appliquera son programme, rien que son programme, mais tout son programme* ». Il s'agit d'un défi.

Mélenchon dessine la société comme un vaste réseau de flux (de travail, d'énergie, de richesses). Ce matériau vivant est en mouvement, tour à tour contraint ou redirigé. À l'entendre, le premier renvoi qui s'impose est à Deleuze et Guattari. Pour les deux intellectuels, la société s'apparente à un ensemble de « machines ». Elle fonctionne par les chemins des désirs et des pulsions qui circulent par les corps sociaux. Mais arrêtons-nous un instant pour essayer de comprendre la notion de désir. Platon, dans *Le Banquet*, nous livre le mythe d'Éros, issu de l'union de Poros et de Pénia (« expédient » et « pauvreté », dit le grec). Éros naît dans cet écart, tendu entre l'indigence et la ruse. De son père, il hérite l'art d'esquiver et de chercher sans fin ce qui est beau et bon. Mais on désire dans un ensemble de choses. Désirer, c'est aussi bâtir, assembler, disposer un monde autour de soi. Le désir ne s'élance pas dans le vide. Il s'appuie, il compose, il s'inscrit dans une architecture mouvante. Désirer, c'est créer un ensemble, une configuration unique, car l'objet du désir est toujours agencé dans le monde, façonné par le désir qui l'anime.

Cette dynamique rejoint la vision mélenchoniste de la démocratie. Chaque citoyen représente une force d'agir qui s'épanouit dans l'interconnexion. Comme Mélenchon le dit lui-même : « *Nous mettrons en place les procédures nécessaires aux diagnostics de sécurité, de préservation de la planète et de notre environnement. La nécessaire réduction des consommations ne doit pas conduire à réduire le niveau de vie des classes populaires. C'est la sobriété énergétique que nous visons : moins de consommation pour des usages identiques. Ce sont les gaspillages ostentatoires des très riches qu'il faut combattre. Nous abrogerons les lois de libéralisation de l'énergie.* » Deleuze et Guattari décrivent le flux désirant comme un processus qui éclaire les cycles écologiques et dessine une économie vivante et circulaire. Mélenchon prône une gestion des ressources en harmonie avec la planète, une économie régénératrice dans laquelle l'homme et son environnement coexistent en équilibre. Cette convergence entre les pensées de Deleuze et Guattari et celle de Mélenchon imagine une société libérée des schémas d'accumulation capitaliste et inspirée par les énergies vitales qui la composent.

L'ego, entre posture et pouvoir

« Barbarus hic ego sum quia non intelligor illis. » C'est l'épigraphe que Rousseau emprunte des *Tristes* d'Ovide[5]. Elle résume en une phrase le sentiment d'étrangeté que ressent celui qui, à force de s'affirmer contre le monde, en vient à ne plus y être compris : « Je suis un barbare car les autres ne me comprennent pas. » C'est une posture souvent revendiquée par Mélenchon et son entourage, et qui fait écho à celle du tribun, qui sait qu'il ne sera pas toujours compris, qu'il lui faudra creuser un sillon dans la foule. Lui, tel un Ovide moderne, poète banni de Rome pour avoir trop dit, résiste au monde qui l'ignore, comme « *la neige, une fois sur le sol, résiste au soleil et aux pluies* ». « *Ai posteri l'ardua sentenza* » écrivait l'écrivain italien Alessandro Manzoni, « aux générations futures le difficile jugement », car celui des contemporains est trop marqué par leurs passions pour saisir ce qui impacte l'instant. Seules les générations futures, avec le recul, pourront trancher sur la portée des actes. L'Histoire est un juge impartial.

Pourtant, déjà aujourd'hui les malentendus s'accumulent autour de Jean-Luc Mélenchon. « *Quatennens revient sur les propos incompris et manipulés de Mélenchon*[6] » lit-on dans la presse. « *Quinoa : Jean-Luc Mélenchon, ce grand incompris*[7] » écrit un autre. On parle même de « *La France incomprise*[8] », et ses mots adressés à la journaliste Ruth Elkrief, mal reçus, résonnent encore : « *Si on n'injurie pas les musulmans, cette fanatique s'indigne !* »[9] Incompris, il se drape dans ce rôle de l'homme qui parle mais que l'on ne veut pas entendre. Et pourtant, derrière cette mise en scène de l'incompréhension, c'est un ego puissant qui se déploie, un ego qui, paradoxalement, se nourrit de cette même marginalité. Le leadership, surtout au sein d'un parti se positionnant à l'extrême, exige une affirmation de soi inlassable. Dans ce cadre, un ego dominant n'est pas un fardeau, mais une ressource pour ceux qui mènent les batailles et portent haut le flambeau des causes. L'ego est cette pulsion intérieure d'auto-préservation, un mécanisme qui veille à notre survie psychique et à la construction de notre identité. Freud décrit l'ego comme une force intérieure, dont la fonction essentielle est de trouver un équilibre entre les pulsions du Ça et les exigences du Surmoi. Les personnalités narcissiques se nourrissent du regard des autres. Elles tirent une jouissance dans l'attente de leur auditoire. *« L'ego politique est donc ce mode de faire qui tend à la personnalisation du pouvoir politique dans un contexte d'individualisation du social. »* Monarchies, dictatures, despotismes, tyrannies, empires : tous ces régimes, en leur cœur, « *se caractérisent par un extrême centrement sur la figure du leader politique*[10] ». Cela ne vous rappelle rien ? L'individualisme de Mélenchon se heurte à un projet collectif qui peine à trouver une démonstration. Cet « *extrême centrement sur la figure du leader politique* » ne peut manquer d'affecter Jean-Luc Mélenchon, souvent accusé de personnaliser LFI. En témoignent les tensions internes lors des élections en 2024 et l'exclusion de plusieurs frondeurs. L'ancienne députée de Périgueux Pascale Martin, par exemple, a reçu un mail du comité de respect des principes du mouvement, l'informant de son exclusion. Certains ont dénoncé ce geste comme une « purge », à l'instar de Clémentine Autain qui a déclaré : *« La décision qui a été prise n'est pas acceptable. » « Jean-Luc Mélenchon a réglé ses comptes avec moi et mes amies »*, s'insurgeait Alexis Corbière sur France Info.

La construction de l'ego commence dès les premières années de notre enfance. La famille dans laquelle nous évoluons, les règles sociales qui s'imposent à nous, le milieu, la religion, tout cela façonne peu à peu une image de soi. Nous nous y identifions si totalement qu'il est difficile de discerner ce qui nous appartient réellement de ce qui nous est imposé. Chez des figures comme Mélenchon, qui en est l'expression la plus vive, ce qui surgit *in primis*, c'est cette surestimation de soi, cet excès qui précède toute forme d'autoritarisme, d'orgueil ou d'égocentrisme. Une surestimation qui glisse parfois vers une fascination de soi. Et derrière cela, il y a ce mépris d'autrui, ce dédain qui s'installe doucement dans ses postures. Au moins cela est ce qui en sort par l'analyse du matériel. En effet, si l'on prend le temps de scruter son parcours, d'observer ses mots, ses actes, on perçoit cette dynamique, à chaque prise de parole, à chaque coup porté.

À une époque où la « solidité des médias » est assurée et où la communication s'apparente de plus en plus à du marketing, le doute reste un instrument indispensable. C'est l'âge de la « *post-truth* » comme disent les Anglais, de la post-verité ; les faits réels ont moins d'impact sur la formation de l'opinion publique que les croyances et les émotions personnelles, qui la façonnent davantage. Que ce soit dans le discours sur la santé, les catastrophes, les enjeux politiques ou environnementaux, ce qui émerge d'abord, avant même l'information brute, c'est la persuasion. Persuader, c'est amener l'autre à consentir à une vérité imposée. Persuader, c'est vaincre la résistance par la séduction des mots. La scène médiatique se structure rapidement autour de slogans lancés à une masse prête à les recevoir sans le moindre questionnement : « *Un autre monde est possible* », « *Tout le monde déteste la police* ». Parfois, une envolée plus poétique surgit dans un rassemblement à Toulouse : *« Nous sommes au mois de germinal, les bourgeons gonflés de vie éclatent déjà en fleurs, et avec elles s'annonce la promesse des fruits. France belle et rebelle, vienne le temps des cerises et des jours heureux.* » Jean-Luc Mélenchon s'inscrit pleinement dans cet âge de la persuasion. Mais à force de chercher à convaincre, le risque de ne plus distinguer le langage comme outil d'émancipation et le discours comme instrument de domination est grand. La poésie de Mélenchon, lorsqu'elle fait référence aux « jours heureux », aux « temps des cerises », rappelle que les mots peuvent porter un espoir, mais qu'il serait important qu'il soit accompagné d'un effort collectif, pour démêler la vérité du *fake*, l'idée du slogan.

Trône et phobie

J'en suis certain, je n'ai aucun doute. Jean-Luc Mélenchon redoute le pouvoir. L'admettre, c'est accepter que quelque chose change. En écrivant cela, je me rends compte que j'affirme, presque malgré moi, que ce parti est le sien, qu'il lui appartient. Accéder au pouvoir exige une tout autre posture, celle de la retenue, d'abord dans le langage. Il est le premier niveau du pouvoir. Il précède l'action, il l'annonce, parfois même il le trahit : dans certains cas, « *la langue, comme performance de tout langage, n'est ni réactionnaire ni progressiste ; elle est tout simplement fasciste ; car le fascisme, ce n'est pas d'empêcher de dire, c'est d'obliger à dire*[11] », affirmait Roland Barthes en 1977. Accéder au pouvoir exige de plier le langage à une forme de maîtrise. Or, la crainte de Mélenchon pourrait résider dans un équilibre difficile : comment rester maître de soi lorsqu'on devient l'objet de toutes les projections ? Mélenchon sait bien que gouverner, c'est perdre une part de soi : celle du tribun ? de l'homme libre qui dénonce sans retenue ?

Trôner ou trembler, devenir autre implique toujours une perte et, avec elle, un deuil possible. Quelle est dans ce champ la capacité de son psychisme à travailler après une perte ? J'observe une dynamique alimentée par un narcissisme qui ne cherche pas tant à posséder le pouvoir qu'à en repousser le fardeau. Le Surmoi collectif, que Freud décrivait comme cette force morale implacable, évolue vers un instrument de défense. Plutôt que d'assumer la responsabilité qui vient avec et par le pouvoir, le leader externalise la menace. La peur d'accéder au pouvoir se manifeste en jouant avec les attentes du Surmoi collectif ; on désigne un coupable pour détourner la sanction. Jean-Luc Mélenchon, par exemple, semble redouter le poids réel de la gouvernance. Il semble parfois préférer l'idée d'une lutte, où l'on échappe à la notion de responsabilité, probablement par crainte de l'engagement que le pouvoir exige. Il sait bien que gouverner implique non seulement une responsabilité personnelle mais aussi celle de l'équipe amenée à diriger. Jean-Marie Le Pen, lors de la campagne présidentielle de 2002, avait déclaré au *Figaro* sa propre peur d'être élu : « *Quand vous vous retrouvez dans l'hypothèse d'être président de la République alors que vous n'avez pas l'appareil pour le faire, vous ne trouvez pas que ça puisse susciter légitimement une impression d'angoisse ? Si ce n'est pas le cas, c'est que vous êtes un branleur.* »[12] La majorité nécessaire pour gouverner renforce cette dynamique. Il ne suffit pas d'être élu, il faut pouvoir gouverner avec le soutien d'une majorité, ce qui ajoute de la pression sur le leader politique. Le risque de la fragmentation du pouvoir, l'échec possible dans la gestion collective et la perte de contrôle face à un mandat que l'on pourrait se sentir incapable d'assumer sont autant de peurs qui nourrissent cette angoisse. Car il n'est pas de pire sentiment que celui de perdre pied du pouvoir, d'être balayé par les responsabilités que l'on n'ose plus assumer, tant le fardeau semble écrasant. Le mandat que l'on croyait porter avec fierté est piégé par l'angoisse elle-même. Sophie Coignard, dans le magazine *Le Point*, qualifiait Mélenchon d'« *éternel futur Premier ministre*[13] ». Sa figure se situe dans un entre-deux temporel, un espace où le désir de pouvoir reste toujours en suspens, jamais pleinement réalisé. Être dans un statut d'attente préserve des effets du pouvoir réel, celui qui érode et transforme. Cela permet de rester dans une zone de confort idéologique, de devenir celui qui promet sans avoir à rendre des comptes. L'« *éternel futur* » est la métaphore d'une stratégie qui permet de conserver une partie du pouvoir sans en subir les conséquences, une manière de rester en lien avec le pouvoir tout en évitant l'épreuve de sa mise en pratique. Dans ce contexte, Jean-Luc Mélenchon se place comme un acteur qui invoque le souvenir des luttes sociales et des fractures historiques. C'est dans cette logique qu'il mobilise des concepts tels que la haine de classe comme clé de lecture historique.

La haine de classe, voilà ce qui a permis au peuple de renverser l'Ancien Régime. C'est une force d'indignation qui mobilise et qui soude les revendications, qui donne forme aux soulèvements historiques. Pour Mélenchon, la haine de classe s'inscrit dans un mouvement vertical inversé, un mépris qui descend des sommets de la réussite sociale pour écraser ceux qui sont restés en bas. Ce mépris social est d'abord celui des « *puissants* », de « *ceux qui réussissent* » sur « *ceux qui ne sont rien* » – une expression qu'il reprend, pleine d'amertume, pour dénoncer la violence symbolique exercée par une élite détachée des réalités populaires. Il est sans doute clair qu'il redonne à la haine de classe une autre couleur. Non plus l'énergie de ceux qui se battent pour une société plus juste, mais la condescendance tranquille de ceux qui, du sommet, refusent de considérer les autres comme leurs égaux. Et dans ce regard de mépris, Mélenchon est dans une logomachie puissante : des mots qui changent de sens et permettent aux inégalités de se justifier et de se perpétuer sans soulever d'opposition directe. La haine de classe qui n'est plus au service de la révolution. Cette vision, me semble-t-il, dénote une appréhension profonde face à l'exercice de gouverner. Si le pouvoir est, comme il le conçoit, imprégné de cette « *condescendance tranquille* » des élites, alors assumer le pouvoir implique de s'inscrire dans cette même logique d'écrasement des classes populaires. Même si je peux reconnaître chez Mélenchon un rapport nuancé, voire ambivalent à l'exercice du pouvoir, je constate néanmoins, au gré des conjonctures historiques et sociétales, un rassemblement du pouvoir autour de son mouvement. Mais comment justifier cette quête de pouvoir et cette position d'autorité politique tout en cultivant une forme de crainte, de retenue, face à l'acte même de gouverner ?

Mélenchon semble s'entourer d'un élan révolutionnaire qui fédère et mobilise. Il se trouve dans une position liminale. Porter les aspirations de ses soutiens sans succomber aux dynamiques de domination qu'il dénonce. À mon sens, cette posture trouve en partie son origine dans la crise du syndicalisme français, qui a affaibli les contre-pouvoirs traditionnels. Mélenchon attire autour de lui un « capital » symbolique et politique précisément en raison de cet affaiblissement des structures de représentation syndicale. En France, le syndicalisme s'érode : aujourd'hui, seuls huit salariés sur cent sont syndiqués et le paysage syndical perd progressivement sa vitalité, notamment celle d'un syndicalisme de terrain, celui des cellules d'adhérents implantées dans les entreprises et les territoires. Les jeunes générations montrent de plus en plus de désintérêt pour ces formes d'engagement collectif, laissant un vide dans la représentation des classes populaires.

Dans ce contexte de désinvestissement, Mélenchon s'impose comme l'une des figures capables de fédérer un imaginaire de lutte et de résistance. Mais jusqu'à quand ? Cette position de force pourrait s'avérer fragile si elle ne parvient pas à se structurer durablement. On peut observer que, dans d'autres pays, des dynamiques de désengagement syndical similaires ont ouvert la voie à des mouvements d'extrême droite, qui ont su s'infiltrer dans les espaces autrefois occupés par un syndicalisme de gauche. Ces mouvements d'extrême droite ont su capter, détourner, voire pervertir l'imaginaire de la résistance populaire, en canalisant les frustrations et les colères vers un discours identitaire et anti-élites. On sait par ailleurs qu'une bonne partie de l'électorat du RN provient de cette base électorale.

Mais l'origine de ce basculement réside peut-être dans une décision stratégique qui a mal tourné. En 2011, la fondation Terra Nova, laboratoire d'idées proche du PS, publiait une note qui allait marquer un tournant pour le Parti socialiste. Pour remporter les élections de 2012, il était suggéré au PS d'« abandonner » ouvriers et employés, ces figures du mouvement ouvrier, pour s'orienter vers une nouvelle majorité électorale plus jeune, davantage issue des quartiers populaires et des milieux urbains. Cette réorientation stratégique marquait non seulement une rupture avec la base traditionnelle de la gauche mais elle allait déplacer les lignes de force, laissant une brèche où la rhétorique d'extrême droite a pu s'installer et prospérer.

Paroles, paroles, paroles

Covid-19. On se rappellera pour toujours de ces mots. En l'espace de deux ans, nos vies ont été mises entre parenthèses. Par crainte, par peur, ou simplement par précaution, nous avons été confinés. Nos désirs, nos ambitions, notre liberté de mouvement, tout a été contenu dans un espace restreint. À travers l'angoisse de la pandémie, plusieurs formes de pouvoir ont émergé. Tout d'abord, le pouvoir biopolitique. Il a pris corps dans des mesures comme l'obligation de porter le masque ou la vaccination. Ensuite, le pouvoir technologique émergé avec le traçage par QR code, par l'explosion du télétravail et la surveillance numérique. L'espace numérique s'est mué en un nouveau champ de contrôle. Enfin, le pouvoir économique, celui des grands groupes qui s'est étendu comme une ombre sur la crise. Des entreprises ont vu leur influence croître de façon spectaculaire. Et dans cette même période, la psychanalyse, à l'égal des autres thérapies, a dû se réinventer. Après bien des doutes, elle a su trouver sa place. Au-delà des résistances diverses et multiples, j'ai aussitôt proposé un accompagnement en visioconférence, alors que d'autres avaient commencé à utiliser le téléphone. D'ailleurs, pourquoi ne pas utiliser le moyen de communication par excellence de notre époque ? Internet. Freud en aurait été ravi.

Dans ce contexte, en France comme ailleurs, la classe politique a été appelée à ses responsabilités. Pendant que des mesures strictes étaient mises en acte au mois de novembre 2020, Jean-Luc Mélenchon avait accusé le gouvernement de « *suspendre les libertés fondamentales, le sourire aux lèvres* » et de vouloir créer « *une société totalitaire et autoritaire, voilà ce que c'est ! Ne croyez pas que vous renforcerez la sûreté sanitaire en réduisant les libertés* ». L'équilibre entre le besoin de protection et la préservation des libertés individuelles s'est révélé plus fragile que jamais. En 2021, interrogé par Nathalie Saint-Cricq sur son avis à propos de la formule hybride mise en place lors du second confinement, Mélenchon affirme : « *Je pèse mes mots depuis le début.* » Face aux accusations de populisme, il rétorque : « *Ils n'ont jamais rien prévu, jamais anticipé.* » Il conclut finalement en disant : « *Je m'exprime très mal, je ne suis pas bien compris.* » Mélenchon semble ici confronté à un sentiment d'aliénation. Ses propos ne suscitent pas l'effet ou l'interprétation qu'il espérait. On observe un écart entre son intention, le « dire », et la manière dont ses paroles sont perçues et comprises, le « dit ». Dans *L'Étourdit*, Lacan explique que le dire n'appartient pas forcément à la dimension de la vérité. Cette rupture dans la communication engendre un profond malaise. J'ai dans la tête la chanson de Dalida

« Paroles, paroles, paroles » qui symbolise ces mots qui ne parviennent pas à établir de lien, qui se retrouvent déconnectés du réel. Cette image des paroles vides résonne bien au-delà de la chanson, et même Marine Le Pen s'en est emparée pour répondre à Nicolas Sarkozy avec une pique ironique : « *Encore des mots, toujours des mots* ». Encore une récupération le 31 janvier 2024. Invité sur Public Sénat, le secrétaire national du PCF, Fabien Roussel, a vivement critiqué le discours de Gabriel Attal, déclarant avec ironie : *« Ce ne sont que des paroles, des paroles, des paroles… C'est Dalida qui est à Matignon ! »*

Le langage, en tant que capacité innée, est le socle de notre faculté à communiquer avec autrui, tandis que la langue en est l'outil concret. C'est Ferdinand de Saussure qui a souligné cette distinction. Puis Lacan a approfondi la réflexion en affirmant que la langue n'est pas un simple code : *« En fin de compte, on la crée. On crée une langue pour autant qu'à tout instant on lui donne un sens, un petit coup de pouce, sans quoi la langue ne serait pas vivante. »* Ainsi, pour Lacan, la langue n'existe vraiment que dans le mouvement de sa réinvention. Mais si aux paroles ne suivent pas les actes, s'agit-il alors d'une promesse ? D'un objectif ? « *La vérité*, dit Lacan, *ne se dit jamais toute* » ; elle exige le détour, la feinte, elle se drape d'ombres pour ne pas se livrer entière. Alors, peut-être que le mensonge serait une nécessité, « *non pas vérité fausse mais vérité menteuse* ». Mélenchon avance dans ce qu'il dit comme dans ce qu'il tait : « *S'il y a quelqu'un qui ment, c'est le président de la République* », rétorque-t-il lors de l'émission « Le Grand Jury », en réponse aux accusations d'Élisabeth Borne. C'est un pied de nez à cette « *vérité menteuse* » dont Lacan parle, une réplique dans laquelle sincérité et simulacre se mêlent. Communiquer, c'est mentir. Pour tenter de comprendre, faisons appel encore une fois à la mythologie. Hermès. Le menteur. Celui qui glisse entre les mondes, était celui qui liait les hommes aux dieux par des détours. Le mensonge est un masque, une frontière entre ce qu'on dit et ce qu'on tait. Parfois, c'est une illusion, au mieux une adaptation, un arrangement de quelque chose. En voici un exemple. Jean-Luc Mélenchon, en commission des Affaires étrangères, ce mercredi 6 juin 2018, affirme que « *Cuba incarne une forme de résistance à l'Empire* ». En septembre, l'exercice est presque jubilatoire. Il décrit Cuba, pays où il ferait bon vivre, avec ses succès affichés : « *taux de guérison des maladies ordinaires supérieur à celui de la France ; Cuba a dépassé le recours aux pesticides ; là-bas, on a un vaccin contre le cancer du poumon… il y a des choses qui nous inspirent* ». Il parle comme dans un rêve de résistance. Ce mélange de passion et d'illusion me renvoient à *Othello*, la pièce de Shakespeare. Othello, général vénitien d'origine africaine, accuse Desdémone, son épouse, d'infidélité. Il la menace de mort. Elle demande Cassio – le soi-disant amant – pour la défendre. Othello rétorque : Cassio est déjà mort, pour son affront. Alors elle comprend. Sans recours, elle éclate en sanglots ; lui, dans ce chagrin, ne voit que la faute, la trahison. Il la tue. Ceux qui le suivent s'accrochent, cherchent à savoir où finit la vérité et où le mirage commence. « *Les mensonges* – selon Hannah Arendt – *ont toujours été considérés comme des instruments nécessaires et légitimes, non seulement pour le métier de politicien ou de démagogue, mais aussi pour celui de l'homme d'État… Relève-t-il peut-être de l'essence même de la vérité d'être impuissante, et de l'essence même du pouvoir d'être trompeur.* »[14] Mélenchon incarne la tension typique du politique qui voudrait faire rêver les masses d'un horizon nouveau mais dans un monde où la vérité et l'idéal doivent sans cesse composer avec les contraintes du pouvoir. La question reste alors toujours ouverte : le rêve d'insoumission pourra-t-il s'ancrer dans une réalité dont les idéaux sont fragiles et le pouvoir, comme le dit Arendt, porte en lui une part de tromperie ?

« *L'Union européenne, on la change ou on la quitte.* » Mélenchon le martèle dans ses programmes. Cette déclaration mobilise ceux qui rêvent d'une Europe au service des peuples, libérée des élites et des contraintes néolibérales. Elle trace une ligne tranchante, une alternative presque implacable, qui parle à ceux qui ne se retrouvent plus dans le projet européen tel qu'il est. Cette formule radicale promet une Europe renouvelée ou la rupture. Mais sous l'apparente clarté de ce choix, la réalité politique est tissée de complexités institutionnelles et diplomatiques, de résistances et de lenteurs. Hannah Arendt l'a bien vu, le pouvoir, pour répondre aux désirs, doit jouer avec les promesses, en les façonnant, et flirte souvent avec les attentes plus qu'elles ne les réalisent. Changer l'Union ou la quitter exige force, constance inébranlable, pour traverser les architectures de traités, les volontés des États membres, les liens d'intérêts et d'histoire.

Réinventer le patriotisme républicain

« *La France est une nation bâtie sur un pacte* » et non sur une souche. C'est ce que Mélenchon proclame, fort de sa foi en l'universalisme de son pays. Chez lui brûle le patriotisme, l'affection pour une terre, une culture ; un attachement à ce trésor commun qu'est la langue. Mais peut-il résumer en un mot les valeurs d'un pays ? Je n'y crois pas, d'autant plus que, pendant des siècles, les nations ont été bâties sur un ensemble de factions, de clans, de régions où l'on parlait des langues différentes. Il emprunte les mots de Romain Gary pour montrer que « *la différence, c'est le patriotisme, l'amour des siens ; le nationalisme, la haine des autres*[15] ». Une citation pour rappeler que la France est faite de liens, qu'elle s'épanouit dans les échanges et grandit dans les rencontres entre les peuples. Cette idée s'inspire de l'universalisme qui place l'adhésion à des valeurs telles que la liberté, l'égalité et la fraternité, au-dessus des différences individuelles. Il y a donc l'avantage de penser l'unité dans la diversité et d'éviter les dangers d'un repli identitaire. La nation dans cette vision est une construction idéologique et qui va au-delà du régime politique du moment.

On comprend qu'il parle d'une « nouvelle France », celle qui s'est forgée au fil des générations, « *cette France née des villes et des banlieues* ». Une France qui recueille ceux dont les parents, ou eux-mêmes, ont traversé mers, frontières, histoires. Une nation qui se nourrit de ces migrations, de ceux qui ont arpenté la terre d'un pays à l'autre, à la recherche d'un autre chez-soi. La notion de la « créolisation » revient comme un refrain : « *La créolisation, c'est la créativité et l'invention permanente qui naît de la rencontre de cultures différentes.* » Le 9 juin 2024, Mélenchon déploie une photographie de la France contemporaine : « *Sur trois générations, un peuple nouveau s'est façonné. Il y a trois générations, la majorité des Français ne vivaient pas en ville. Aujourd'hui, qui peuple nos villes ? Des immigrés. Corses, girondins, maghrébins, maliens, savoyards, bretons. Et que font-ils ensemble ? Ils vivent.* » Dans la vision de Mélenchon, le patriotisme est une terre partagée, un carnaval dans l'esprit de celui de Dunkerque, quand on se retrouve emporté au cœur d'une fête populaire faite de masques et de bals, et la bande qui sonne au loin. Quand on s'arrache les harangues sur la place du municipe où chaque visage raconte une histoire d'amour. C'est toujours « l'ère du peuple », le moment propice au peuple.

Dans les meetings de La France insoumise, le décor change rapidement. Avant que l'ascension électorale ne devienne évidente, l'Internationale résonnait en fond, accompagnant les militants, en écho à une lutte sans frontières. Mais quand l'idée de gouverner la France a pris forme, une autre musique s'est imposée. À partir de 2017, la Marseillaise a pris le relais. L'hymne national a chassé l'Internationale des luttes, comme si la scène elle-même s'ajustait à une ambition plus nationale, plus patriotique. Les drapeaux rouges, eux aussi, ont reculé. On les voyait autrefois brandis haut, éclatants sous les lumières des meetings. Ils ont cédé leur place aux drapeaux tricolores, un changement de garde symbolique, une autre manière de dire le peuple, moins rouge, plus bleu. Mais le patriotisme symbolique touche aussi à l'économie du pays. Derrière l'appel au rassemblement du peuple, il laisse entrevoir une préférence nationale. Sur ce point, Marine Le Pen et Jean-Luc Mélenchon se rejoignent. Leurs propositions convergent autour de cette idée de priorité nationale. C'est un patriotisme économique, une vision d'une économie ancrée dans le sol national, qui heurte les traités européens, mais répond à une quête de souveraineté et à une volonté de protéger le tissu populaire.

Un Prométhée moderne

Jean-Luc Mélenchon puise régulièrement dans la figure mythologique de Prométhée. Ce Titan qui dérobe le feu aux dieux pour le donner aux hommes est à ses yeux comme l'affirmation de l'autonomie humaine. Dans ce mythe on retrouve à la fois une dimension politique et une dimension philosophique. Prométhée se confronte aux dieux pour émanciper l'humanité, lui offrir le savoir et surtout les moyens de son propre progrès. « *Avec Prométhée, la première leçon est la nécessité d'entrer en conflit avec les dieux et l'obligation de s'affranchir de leurs plans pour agir par soi-même. De là l'idée de l'être humain "producteur de lui-même" et donc responsable de son destin* », écrit-il dans son blog. Mélenchon s'identifie à cette posture de défi. Tout comme Prométhée brave les dieux, il s'insurge contre les élites modernes, qu'elles soient des institutions politiques ou économiques, et contre ceux qu'il perçoit comme les nouveaux « dieux » de notre époque. C'est un geste qui vise l'émancipation. Il fait écho à la figure du jeune voleur de feu par la capacité humaine à se libérer de l'autorité. Dans plusieurs de ses interventions il rend hommage à cette symbolique. En 2023, lorsqu'il salue son ami et conseiller Bernard Pignerol, décédé d'un cancer, il le compare à Prométhée : *« te voici devenu ce Prométhée qui a donné le feu aux humains »*. En 2019, à l'Assemblée nationale lors d'un discours en soutien de la PMA, il réinterprète le mythe sous un autre angle : « *Épiméthée nous avait oubliés quand il a distribué les vertus à tous les animaux ; Prométhée nous a sauvés en nous rendant maîtres de nous-mêmes et de notre propre auto-construction* », déclarait-il. C'est à ce sujet qu'il affirme « *une leçon d'humanisme et de Lumières* », dans la lignée de cette idée prométhéenne de l'homme maître de son propre destin. Encore le 3 mars 2020 à l'Assemblée pour s'opposer à l'utilisation du 49.3 : « *Nous prolongeons dans le présent le destin proposé par le mythe de Prométhée et celui de l'humanisme de la Renaissance. Que la machine et l'intelligence soient entièrement au service du soulagement de la peine humaine.* »

Mais ce mythe ne se limite pas à Jean-Luc Mélenchon dans l'imaginaire des Insoumis. François Ruffin, ancienne figure du mouvement, s'y réfère également dans son ouvrage *Leur progrès et le nôtre*. Là où Mélenchon voit dans Prométhée le symbole de l'émancipation humaine et de la lutte contre les puissants, Ruffin nuance le mythe et rappelle l'existence d'une dualité : « *Il y a ceux qui célèbrent le Prométhée tout-puissant, porteur du feu et de la technique, même lorsqu'il mène à la catastrophe. Et ceux qui reprennent son flambeau, mais autrement : Prométhée a pris le parti des faibles, lanceur d'alerte contre le Jupiter de l'Olympe ou de l'Élysée. Il y a leur progrès, et le nôtre.* » Pour Ruffin, Prométhée ne doit pas être seulement célébré pour sa puissance technique, qui peut conduire à des dérives. Il voit en lui un symbole de résistance contre les excès du pouvoir, qu'ils soient des dieux antiques ou des dirigeants modernes. Ruffin avait-il déjà perçu le début de la guerre entre lui et son parti ?

Comme dans bien des mythes, la fin n'est jamais heureuse. À travers sa révolte, les hommes ont reçu la nourriture destinée aux dieux (et non les os comme le voulait Zeus), et le feu volé à Héphaïstos. Le châtiment que Zeus inflige à Prométhée est implacable : enchaîné à un rocher, il est condamné à voir chaque jour un aigle dévorer son foie, qui repousse la nuit pour que le supplice recommence sans fin. Cette répétition de la souffrance est une révélation qui montre comment la transgression, même au nom de la liberté, exige un prix. C'est un destin qui, loin de ternir la grandeur de Prométhée, en révèle toute la dimension sacrificielle. Le mythe rappelle que toute lutte contre le pouvoir, même légitime, porte en elle son lot de souffrances sans lesquelles l'émancipation n'est jamais complète. D'ailleurs, entre le XVIIIe et le XIXe siècle, romantisme et symbolisme cherchent à s'approprier ces représentations pour façonner une nouvelle vision de la société. Plusieurs auteurs se sont inspirés de ce mythe : *Pandore* de Voltaire, *Prometheus Unbound* de Shelley, ou encore *Prométhée délivré* de Ménard. Mais parmi eux, le mythe de Faust, écho direct de celui de Prométhée, avec sa quête de savoirs interdits, semble saisir les enjeux de la modernité. Pourtant, ce romantisme est bientôt balayé par la lucidité tranchante de Michel Maffesoli, qui déclare que « *l'ère de Prométhée est finie* » et que « *nous sommes au temps de Dionysos*[16] ».

S'il n'y a pas de surprise d'ici 2027, une nouvelle échéance s'annonce lourde d'attentes. Tous, dans cette répétition, semblent marcher vers une épreuve qu'ils connaissent déjà, avec la gravité des destins qui se rejouent. C'est le temps suspendu de l'élection dont le silence du futur côtoie le bruit des prédictions, où sondages et statistiques s'entrelacent pour orienter les marchés et persuader l'opinion publique. Au cours de l'été 2024, Jean-Luc Mélenchon accordait une interview au quotidien espagnol *El País*. Avec son franc-parler habituel, il affirmait : « *Mais c'est moi qui ai obtenu près de 22 % au premier tour de la présidentielle de 2022, contre 1,7 % au PS. Donc je m'en fous, et si 78 % des Français ne veulent pas de moi, il me reste 22 %.*

Avec ça, je suis au second tour de l'élection présidentielle. Et là, on verra qui ils détestent le plus : moi ou Le Pen. » Malgré les critiques, la bonne solution est-elle de capitaliser sur son socle électoral ?

Je m'efforce d'imaginer LFI atteignant son objectif. Une fois les « puissants » écartés, une fois le pouvoir pris, quelle forme prendrait le projet politique de Jean-Luc Mélenchon ? Quel récit viendrait combler le vide laissé par l'ennemi commun, cet oppresseur pointé du doigt, dont l'existence a soudé l'élan collectif ? Une dynamique fondée sur l'identification d'un adversaire s'alimente de la nécessité de désigner sans cesse une nouvelle cible, au risque de se heurter à son propre épuisement. Donc, si Mélenchon parvenait à ses fins, quels récits, quels corps, viendraient combler ce besoin d'opposition ? Dans sa version manichéenne la politique a besoin des figures qui structurent et des opposants qui donnent du relief. Sans cette tension, que reste-t-il du combat ? Encore une fois, l'Histoire sera le théâtre de cette tension non résolue qui démarre avec un rêve de fraternité pour s'enraciner dans la réalité du commandement. Si le secrétaire du Parti socialiste plaide pour un « *candidat commun de la gauche et des écologistes* » en 2027, certains, comme Alexis Corbière, se montrent plus sceptiques. La victoire appelle une autre forme de légitimité. Travailler pour une union nationale, ou au moins pour un projet capable de rassembler le plus largement possible. Dans ce cas, un virage narratif lucide est demandé au vainqueur. Comment y parvenir, telle est la tâche qui s'impose : fédérer au-delà de son socle électoral, alors que ce dernier s'est construit sur une critique des institutions et des élites. Les insurrections populaires contre un « ennemi » commun ne garantissent pas toujours une prise de pouvoir stable. L'Histoire abonde en exemples de leaders charismatiques qui, une fois au pouvoir, peinent à affirmer leur projet. L'exemple de Robespierre illustre cette difficulté. Figure révolutionnaire, il portait un projet collectif avant de sombrer dans l'exercice et l'excès du pouvoir, comme l'un des visages de la Terreur. Puis en Grèce de nos jours, Aléxis Tsípras a été accusé d'avoir « *trahi la grande majorité du peuple grec* » après avoir fait des compromis avec les institutions européennes qu'il avait pourtant dénoncées.

Une nouvelle étape devrait s'ouvrir pour laisser la place à l'art du compromis et de la conciliation. Dans cette dialectique, le « père révolutionnaire » peut-il devenir l'incarnation de la loi sans trahir les valeurs qui l'ont porté au sommet ? Ici repose le paradoxe.

La tentation d'un ultime défi pourrait l'emporter sur les promesses de passage de relais. La tentation, c'est « ce qui éveille le désir », également celle de conquérir à nouveau, de dominer, de défier encore une fois les probabilités et les adversaires. C'est une tension qui impacte l'héritage, et là c'est un dilemme qui semble être indissociable de l'homme qu'il est. Et pourtant, tout comme le personnage symbolique d'Ève, Mélenchon court le risque que ce choix, mû par le désir, impacte non seulement sa trajectoire, mais aussi celle de ceux qui le suivent. L'héritage qu'il promet de transmettre pourrait s'en trouver fragilisé, car répondre à l'appel de la tentation, c'est aussi accepter de prendre des risques : l'échec, la désillusion, ou pire le discrédit des idéaux qu'il porte. Ainsi, comme Ève face au fruit défendu, Mélenchon, comme toute personne face à son destin, oscille. Doit-il céder à l'appel irrésistible de l'action, au risque de bouleverser ce qu'il a construit ? Ou bien renoncer, pour laisser à d'autres le soin d'écrire le prochain chapitre de son combat ? Voici le dilemme. À cette croisée des chemins, peut-être n'est-il qu'un miroir tendu à une époque qui hésite, elle aussi, entre ses rêves et ses doutes, ses promesses et ses renoncements.

Pour Jean-Luc Mélenchon, comme pour d'autres leaders de la gauche, la question est celle de l'authenticité du « self » politique. Il lui faudra peut-être travailler sa posture publique et limiter les besoins de gratification de son « faux self » afin de permettre la création d'une coalition. Dans ces temps de clivage, il s'appuie sur le ras-le-bol général et sur l'élan de radicalité qui gronde à gauche autant qu'à droite, observe Alexandra Schwartzbrod dans *Libération*[17]. Comme un stratège au crépuscule, il se place face à l'assaut ultime, l'ultime bataille qui engage tout ce qu'il a construit, tout ce qu'il a rêvé. Il ne vise plus à rallier ou convaincre. Ce rêve se dresse comme une possession ; il s'en nourrit, s'y abîme, s'y jette avec l'idée du tout ou rien. Sisyphe des temps modernes conscient de son fardeau, il endossera peut-être la responsabilité de ses actes. Car on l'a vu, tout moyen est bon pour y parvenir, et il ne faudrait pas oublier qu'il est toujours le leader de La France insoumise, le patron de ceux qui ne veulent pas « suivre », ne pas se soumettre… Mais à qui ? L'ordre ? La loi ? L'État ? L'insoumission n'a pas besoin d'ennemi. Elle se nourrit de toute injonction ; elle se déploie à l'ombre d'une contradiction : être celui qui guide ceux qui refusent d'être guidés. Mais encore, l'insoumission, pour exister, doit s'opposer à quelque chose, à un miroir, un adversaire, même si cet adversaire reste flou, une force informe qu'il brandit sans jamais l'embrasser. Voyons, Monsieur Mélenchon, ce rêve est-il bien cette seconde vie dont parle Gérard de Nerval ? N'y a-t-il pas le risque de s'isoler, quelque part entre le monde politique et le monde onirique, comme si ce rêve d'insurrection devait dépasser le champ de l'action pour s'élancer vers quelque chose de plus vaste, quelque chose de plus insaisissable ? Voyons, Monsieur Mélenchon, êtes-vous celui qui conduit la révolte ou le spectre qui l'habite ?

S'il n'est pas donné à beaucoup d'hommes d'évoluer vers une sorte de mythe, Jean-Luc Mélenchon, lui, y travaille pour y parvenir. Mais dans nos jours sans relief qui ne promettent rien de grand, le « possibilisme » est le rêve le plus haut donné à la masse. Fils des réseaux sociaux, sommes-nous encore capables d'accueillir un mythe et de le reconnaître ? Ou sinon douter, au pire, que Mélenchon ne soit que le Dieu d'une religion centrée sur elle-même, qui ne cherche pas à éclairer mais à renvoyer aux fidèles leur ombre projetée sur les murs de leur caverne ? Il y a pourtant quelque chose à voir. La première chose que je remarque, c'est la mise en scène de soi, que l'on retrouve chez tout homme politique. Dans le cas de Mélenchon, la démarche est bien visible. Il travaille à tisser des liens de filiation avec d'autres figures historiques du passé. Les choix, eux aussi, sont nets car il récupère des révolutionnaires, des hommes d'action, des artisans de la rupture. Quand on veut inscrire son nom dans l'Histoire, on ne choisit pas n'importe quel parrain. Ses discours s'appuient sur des références tirées des mythes littéraires et historiques, et qui visent à inscrire son action dans une dimension atemporelle. Il cultive l'image de l'homme « incompris » et l'on sait combien d'incompris peuplent les pages des livres, ceux qu'on dit visionnaires, ceux qui regardent plus loin que les autres. Ce n'est pas un hasard. C'est une stratégie qui met en évidence son statut de héros positif. Il me semble possible de supposer que si Mélenchon travaille à devenir un mythe, cela ne signifie pas qu'il le fasse de façon calculée mais qu'il mobilise inconsciemment des stratégies, des récits, des symboles qui sont justement adoptés pour l'inscrire dans une mémoire collective.

Mais toute médaille a aussi son revers. Le mythe individuel émerge quand les structures collectives vacillent. Le pouvoir aime la pierre et chaque époque a ses prophètes qui ont essayé d'y graver leur nom. Ceux qui façonnent un mythe sont aussi ceux qui l'écoutent et l'intègrent. L'analyse de l'environnement et du contexte social et symbolique où évolue Jean-Luc Mélenchon est alors essentielle. Peut-être faudrait-il, dans un autre cadre, explorer cette dynamique de réception, ce phénomène par lequel le mythe s'ancre, se déploie et trouve sa résonance. Il n'y a rien d'étrange dans tout ça car c'est ainsi que les mythes émergent.

Fin

Monsieur Mélenchon, si vous le voulez bien, dites maintenant ce qui vous traverse l'esprit, sans filtre, sans aucune censure. Un jour, peut-être, aurais-je l'occasion de lui proposer cela, à lui allongé sur le divan, sa cravate rouge dénouée, abandonnant enfin ses postures pour laisser émerger ce qui, en lui, échappe au discours politique.

Mais faut-il vraiment risquer de jouer avec les dieux ? Lui, qui porte en lui ce feu sacré, cette mission de représenter la République, cette fonction à la fois désirée et contestée, sacrée, symbole d'autorité et d'intransigeance. Lui, qui attendait ce moment ultime où il deviendrait le tribun-président, le guide d'une nouvelle ère. Mais au fond, même si la psychanalyse pouvait un jour l'aider à lever le voile sur ses contradictions et ses désirs les plus enfouis, cela changerait-il vraiment le cours de la politique ? Après tout, nous restons des êtres de désir, des animaux désirants guidés par nos manques et nos ambitions, toujours en quête de ce qui nous échappe. La soif de pouvoir, l'appel de l'autorité, ces dynamiques sont gravées en nous comme des fatalités que les discours même les plus sincères ne sauraient effacer. Peut-être Jean-Luc Mélenchon l'a compris, comme en écho à la maxime de Saint-Augustin pour qui « *le bonheur, c'est de continuer à désirer ce que l'on possède* ». Il persiste dans sa quête, car le désir, tant qu'il reste insatisfait, alimente le moteur de l'action. Libéré ou pas de ses masques, il resterait cet homme pris dans l'engrenage des désirs humains, oscillant entre le rêve de transformation et les limites inévitables de la condition politique. Mais je parle d'un futur possible. Ce qui compte vraiment, c'est le présent. Puis on le sait, et les mythes nous l'ont souvent murmuré : les dieux, eux, se prêtent rarement à la confidence.

Et voici qu'il aime à revendiquer les poètes, à s'en nourrir, à les clamer. Insoumis, visionnaire, il avance comme un navire battu par des vents contraires, un navire à la dérive, et pourtant si maître de sa route, défiant les courants, bousculant les digues de la Ve République. Jean-Luc Mélenchon, dans son errance, semble habiter les flots indomptés d'un monde qui le refuse, d'une époque qu'il voudrait différente. Le « bateau Mélenchon », peut-être, est lui aussi « ivre » de visions qu'il cherche à imposer, porté par un souffle politique qui déchire les cartes du passé pour en dessiner d'autres, plus improbables. Et ce voyage, dans sa grandeur, évoque celui du navire rimbaldien : des flots de mots qui se lèvent, des images, des tirades qui emportent l'auditoire et le soulèvent, l'égarent. Mélenchon, comme Rimbaud, croit voir ce qui échappe encore à la plupart, « *ce que l'homme a cru voir* » : un monde baigné d'une autre lumière, un idéal qu'il faut nommer à haute voix, qu'il faut atteindre coûte que coûte, quitte à briser la coque, quitte à heurter les récifs. Un monde tracé sur les eaux tumultueuses d'un présent bravé sans relâche.

Glossaire

Ça, Moi, Surmoi En psychanalyse, le Ça, le Moi et le Surmoi sont les trois instances de la psyché. Ça : réservoir des pulsions inconscientes, orienté vers la satisfaction immédiate des désirs. Moi : partie rationnelle, qui équilibre les besoins du Ça avec les contraintes de la réalité, cherchant des compromis. Surmoi : instance morale, intégrant les interdits sociaux et éducatifs, imposant des règles et un idéal au Moi.

Hystérie En psychanalyse, l'hystérie est une névrose marquée par des manifestations psychologiques et corporelles souvent spectaculaires. Cette affection se caractérise par des symptômes qui n'ont pas d'origine organique identifiable, comme des paralysies, des tremblements, des pertes de sensibilité, et des comportements émotionnels intenses. Sigmund Freud a considéré l'hystérie comme une expression de conflits inconscients, souvent liés à des désirs refoulés ou à des traumatismes infantiles.

Incestuel Terme emprunté au psychanalyste Paul-Claude Racamier, qui le définit comme « *une relation extrêmement étroite, indissoluble, entre deux ou plusieurs personnes, que pourrait unir un inceste mais qui cependant ne l'accomplissent pas* ». Il ne s'agit pas ici de rapport sexuel entre les membres d'une même famille mais d'une façon particulière de vivre la proximité psychique et affective.

Narcissisme Pour Sigmund Freud, le narcissisme est un concept central qui se développe en deux phases et joue un rôle fondamental dans la construction de la personnalité. Il désigne l'amour de soi qui structure la personnalité. Il se développe en deux phases : le narcissisme primaire, où l'enfant investit toute sa libido sur lui-même, et le narcissisme secondaire, où cet amour de soi se réoriente en partie vers les autres.

Névrose En psychanalyse, la névrose correspond à une affection psychique où des conflits inconscients, souvent liés à des désirs refoulés, s'expriment à travers des symptômes (angoisse, phobies, obsessions) sans altérer la perception de la réalité. Contrairement aux psychoses, les névroses n'entraînent pas de rupture avec la réalité, mais génèrent une souffrance psychique et des comportements difficiles à contrôler. Les principales formes de névroses incluent la névrose d'angoisse, la névrose phobique, la névrose hystérique, la névrose obsessionnelle, la névrose traumatique, chacune marquant une expression spécifique des conflits internes.

Nom-du-Père En psychanalyse lacanienne, le Nom-du-Père représente la fonction symbolique de l'autorité et de la loi qui structure l'inconscient. Il intervient comme un interdit fondamental. Cette fonction organise les rapports à la loi et au désir, permettant ainsi l'accès à la socialisation et au langage.

Populisme Le populisme se caractérise par une politique de personnalisation centrée sur un leader charismatique, capable de concentrer dans l'unité de sa personne.

Toute puissance Un vécu de toute puissance peut naître chez un individu afin de conjurer son angoisse et son sentiment de vulnérabilité face à la réalité. Elle est située dans la dimension imaginaire de l'individu et correspond à une faille narcissique.

Bibliographie essentielle

Fabrice Bourlez, *Queer psychanalyse*, Hermann, 2018.

Manuel Castells, *La Société en réseaux*, tome 1 : *L'Ère de l'information*, Fayard, 2001.

Alexis Corbière & Laurent Maffeïs, *Robespierre, reviens !*, Graffic-Bruno Leprince, 2012.

Sigmund Freud (1901), *La Répétition*, Petite Bibliothèque Payot, 2019.

Sigmund Freud (1901), *Psychopathologie de la vie quotidienne*, Petite Bibliothèque Payot, 2022.

Sigmund Freud (1911), *Le Président Schreber. Remarques psychanalytiques sur un cas de paranoïa* (Dementia paranoides) *décrit sous forme autobiographique*, PUF, 1998.

Sigmund Freud (1914), *Pour introduire le narcissisme*, Petite Bibliothèque Payot, 2012.

Sigmund Freud (1924), *Psychologie des masses et analyse du moi*, PUF, 2010.

Sigmund Freud & William C. Bullitt (1930-1932), *Le Président T. W. Wilson. Portrait psychologique*, Petite Bibliothèque Payot, 2016.

Thomas Guénolé, *La Chute de la Maison Mélenchon. Une machine dictatoriale vue de l'intérieur*, Albin Michel, 2019.

Otto Kernberg, *La Personnalité narcissique,* Dunod, 2016.

Jacques Lacan, *De la psychose paranoïaque dans ses rapports avec la personnalité*, réédition Points Essais, 2015.

Jacques Lacan, *L'Angoisse (1962-1963), Le Seminaire*, livre X, Seuil, 2021.

Laurie Laufer, *Vers une psychanalyse émancipée. Renouer avec la subversion*, La Découverte, 2022.

Silvia Lippi, *Sœurs*, Seuil, 2023.

Jérôme Meizoz, *Postures littéraires. Mises en scène modernes de l'auteur*, Slatkine, 2007.

Jean-Luc Mélenchon, *L'Heure du peuple,* Fayard, 2014.

Jean-Luc Mélenchon, *Faites mieux. Vers la Révolution citoyenne*, Robert Laffont, 2023.

Tony Negri & Michael Hardt, *Empire*, 10/18, 2000.

Thomas Paine, *Lettre au peuple français* (introduction de Yannick Bosc), Laborintus, Lille, 2018.

Paul B. Preciado, *Je suis un monstre qui vous parle*, Grasset, 2020.

Gabrielle Richard, *Faire famille autrement,* Binge, 2022.

Peter Sloterdijk, *Colère et Temps*, Buchet-Chastel, 2007.

Donald Winnicott (1975), *Jeux et Réalité*, Payot & Rivages, 2017.

Notes

Avant-propos

1. Jacques-Alain Miller, « Jean-Luc Mélenchon sur le divan », *Le Point*, 9 juin 2022.
2. Paul B. Preciado, *Je suis un monstre qui vous parle,* Grasset, 2020.
3. Fabrice Bourlez, *Queer psychanalyse*, Hermann, 2018.
4. Laurie Laufer, *Vers une psychanalyse émancipée. Renouer avec la subversion*, La Découverte, 2022.
5. Silvia Lippi, *Sœurs,* Seuil, 2023.
6. Jacques Lacan, « La vérité » in *Cahiers pour l'Analyse,* vol. 1, février 1966.
7. En psychanalyse, ces éléments non contrôlés de la communication orale sont souvent vus comme des manifestations de l'inconscient. Contrairement à l'écriture, où une personne a plus de temps pour structurer et filtrer ses pensées, l'oralité offre un accès direct aux processus mentaux spontanés.

Chapitre 1 – Le parcours d'un tribun moderne

1. In *Famille chrétienne,* 1er janvier 2007.
2. Conférence de Mélenchon à Sciences Po : « *Ne confondons pas la tribune d'un meeting avec l'estrade d'un amphithéâtre* ».
3. En psychanalyse, le passage à l'acte se manifeste comme un moment de rupture brusque et violente des mécanismes de

relation qui étaient jusque-là dirigés par la parole, le symbolique, ou les processus de médiation psychique. Ce passage à l'acte survient lorsque le sujet, submergé par une tension interne ou une situation insupportable, est incapable de maintenir la symbolisation et choisit de « faire » plutôt que de « dire ». Lacan distingue le passage à l'acte de l'*acting out*, mais dans les deux cas, il s'agit d'un moment où le langage échoue à gérer la réalité psychique. Dans le passage à l'acte, ce n'est plus la parole qui organise le lien avec l'Autre, mais plutôt l'agir, qui est souvent violent ou impulsif.

4. Gérard Pommier, « L'hystérie masculine (féminine) », *Figures de la psychanalyse,* 2014, p. 81-97.

5. Laurent Mauduit : « *Car si on regarde notamment ce qui se passe à La France insoumise (LFI) aujourd'hui, il y a certainement le même type de processus à l'œuvre : des jeunes mais aussi des cadres, ou des parlementaires, peuvent comprendre qu'il n'y ait pas de démocratie dans ce parti, que la direction soit autodésignée, qu'il y ait une conception verticale du pouvoir.* » Olivier Doubre, « Le refus de démocratie à LFI est une impasse politique pour la gauche », *Politis,* 24 janvier 2024.

6. On peut l'envisager comme une stratégie visant à marquer les esprits et à amplifier le message dans un environnement politique très compétitif. Toutefois, elle peut aussi polariser l'opinion, certains pouvant y percevoir une attitude excessivement instable.

7. Jacques Lacan, *Le Séminaire*, livre XVII.

8. Évelyne Larguèche, *La Provocation. Au risque de l'image de soi,* In Press, 2023.

9. Rahel Süss, *Politique de la provocation. La révolte contre les échecs démocratiques*, Eterotopia France, 2021.

10. Simon Mauger, *Robespierre l'innocent*, L'Harmattan, 2023.

11. Ici encore, il joue avec le mythe à sa façon. En 1848, la France était encore une monarchie constitutionnelle même

si le roi était « Rois des Français » et pas de France. En 1870, c'est la chute du Second Empire et de Napoléon III.

12. Alexis Corbière & Laurent Maffeïs, *Robespierre, reviens !*, Graffic-Bruno Leprince, 2012.
13. F. B., « Mélenchon sans-culotte », *Le Nouvel Obs,* 28 juillet 2014.
14. Anacharsis Cloots, né le 24 juin 1755 à Clèves (Allemagne), guillotiné le 24 mars 1794 à Paris.
15. Thomas Paine, né le 9 février 1737 à Thetford (Londres), mort le 8 juin 1809 à New York.
16. François Noël Babeuf, connu sous le nom de Gracchus Babeuf, né le 23 novembre 1760 à Saint-Quentin, guillotiné le 27 mai 1797 à Vendôme.
17. Thomas Paine, *Lettre au peuple français* (introduction de Yannick Bosc), Laborintus, Lille, 2018.
18. Extrait de la lettre de Babeuf à ses proches après sa condamnation à mort.
19. Jean-Luc Mélenchon, *Faites mieux. Vers la Révolution citoyenne*, Robert Laffont, 2023.
20. Tony Negri & Michael Hardt, *Empire*, 10/18, 2000.
21. Jean-Luc Mélenchon, *L'Heure du peuple,* Fayard, 2014.
22. *Ibid.*

Chapitre 2 – Le leader

1. Dans *Tous narcissiques* (Odile Jacob, 2017), le psychiatre français Jean Cottraux affirme que l'homme politique est forcément très narcissique.
2. Christopher Lasch, *La Culture du narcissisme*, Champs Essais, 2018.
3. Peter Sloterdijk, *Colère et Temps*, Buchet-Chastel, 2007.

4. Francis Joseph Underwood, dit Frank Underwood, est le personnage principal de la série télévisée américaine *House of Cards,* interprété par Kevin Spacey de la saison 1 à la saison 5.
5. Miranda Priestly est un personnage fictif créé par Lauren Weisberger en 2003 dans le livre *Le Diable s'habille en Prada,* puis incarné par Meryl Streep dans l'adaptation du livre au cinéma, dans le film éponyme.
6. Otto Kernberg, *La Personnalité narcissique,* Dunod, 2016.
7. Arthur Rimbaud, lettre « À Georges Izambard », 13 mai 1871.
8. Jean-Jacques Rousseau, *Les Confessions*, Livre I, Le Livre de Poche, réédition 2012.
9. *Ibid.*
10. Harold Dwight Lasswell, « Analyse du contenu et langage de la politique », *Revue française de science politique*, n° 2-3, 1952.
11. Thomas Guénolé, *La Chute de la Maison Mélenchon. Une machine dictatoriale vue de l'intérieur*, Albin Michel, 2019.
12. Alfred Adler, *Psychologie de la vie*, L'Harmattan, 2006.
13. Erich Fromm, *La Peur de la liberté,* Les Belles Lettres, 2022.
14. Theodor W. Adorno (1950), *Études sur la personnalité autoritaire*, Allia, 2017.
15. Alain Viala. Voir aussi « Éléments de sociopoétique », dans G. Molinié & A. Viala, *Approches de la réception, sémiostylistique et sociopoétique de Le Clézio*, PUF, 1993, p. 137-297.
16. Jérôme Meizoz, *Postures littéraires. Mises en scène modernes de l'auteur*, Slatkine, 2007.
17. S. Freud & W. C. Bullitt, *Le Président T. W. Wilson. Portrait psychologique*, Petite Bibliothèque Payot, 2016, p. 134.
18. José-Luis Diaz, *L'Écrivain imaginaire. Scénographies auctoriales à l'époque romantique*, Honoré Champion, 2007.

19. Brett Kahr, *Le Livre des fantasmes,* Grasset, 2008.
20. Jacques-Alain Miller, « L'orientation lacanienne », in *Le Banquet des analystes* (1989-1990).
21. Gustave Lebon, *Psychologie des foules*, Petite Bibliothèque Payot, réédition 2020.
22. Andrew M. Lobaczewski, *La Ponérologie politique. Étude de la genèse du mal appliqué à des fins politiques*, Éditions Pilule Rouge, 2021.
23. Sigmund Freud (1924), *Psychologie des masses et analyse du moi*, PUF, 2010.
24. *« Après demain, je quitterai l'Élysée. Je viens, ce soir, vous dire très simplement au revoir… »*
25. Par exemple : *« La culture sourde, essentiellement la LSF, apporte à la civilisation une langue qui prouve que la capacité sémiotique, ce pouvoir de former une langue, est présente chez tout être humain qui peut inventer des nouvelles voies expressives pour exprimer son désir, lorsqu'un déficit sensoriel lui barre l'accès à son développement habituel. »* J. Laborit, « Particularités de la clinique avec les personnes sourdes », in *Surdité et souffrance psychique*, Ellipses, 2001.
26. Le Journal de 13H, A2, 3 novembre 1991, extrait de « L'Heure de vérité » de Simone Veil : *« Il faut une sixième République, avec un régime présidentiel qui est dans la logique du système actuel. »*
27. Sigmund Freud (1901), *La Répétition*, Petite Bibliothèque Payot, 2019, p. 57.
28. Denis Lafay, « Regards croisés », *La Tribune,* 24 juin 2024.
29. Cette réponse nous renvoie aux luttes des années 1980, qui voyaient une fracture entre les homosexuels radicaux et les hétérosexuels dominants, chacun revendiquant des identités et des combats distincts.
30. Gabrielle Richard, *Faire famille autrement,* Binge, 2022.

Chapitre 3 – La scène politique

1. Isaac Asimov, *Fondation et Empire*, Denoël, 1952.
2. Manuel Castells, *La Société en réseaux*, tome 1 : *L'Ère de l'information*, Fayard, 2001.
3. Article 3 : « *Le principe de toute Souveraineté réside essentiellement dans la Nation. Nul corps, nul individu ne peut exercer d'autorité qui n'en émane expressément.* »
4. « L'onde de choc de la Révolution de 1789 n'est pas épuisée », *Revue des Deux Mondes*, 2022.
5. Repris par Rousseau dans *Confessions.*
6. https://www.letelegramme.fr/
7. https://www.nouvelobs.com/
8. https://www.i24news.tv/
9. Affirmations reprises par de nombreux médias dont https://www.ladepeche.fr/
10. Christian Le Bart, *L'Ego-politique. Essai sur l'individualisation du champ*, Dunod, 2013.
11. Roland Barthes, dans sa Leçon inaugurale au Collège de France, 1977.
12. *Le Figaro*, 28 mai 2015.
13. « Jean-Luc Mélenchon, éternel futur Premier ministre », chronique de Sophie Coignard, *Le Point,* 22 juin 2022.
14. Hannah Arendt, « Vérité et Politique », in *La Crise de la culture*, Folio, 1968.
15. Romain Gary, *Éducation européenne*, Folio, 1972.
16. « Postmodernité et culture numérique : une contradiction dans les termes ? Conversation avec Michel Maffesoli », *Carnet numérique du Monde*, 7 octobre 2008.
17. Alexandra Schwartzbrod, *Libération*, 29 octobre 2024.

Dans la collection « Psy et Pouvoir »

Une nouvelle grille de lecture et de compréhension des grandes figures contemporaines de la vie publique.

87777 - (I) - BOU 80° - BEL - BTH
Imprimerie CHIRAT - 42540 Saint-Just-la-Pendue
Dépôt légal : mai 2025 - N° 202503.0388
Imprimé en France